Magnus Striet

In der Gottesschleife

Magnus Striet

In der Gottesschleife

Von religiöser Sehnsucht in der Moderne

HERDER

FREIBURG · BASEL · WIEN

MIX
Papier aus verantwor-
tungsvollen Quellen
FSC® C083411

Zweite, durchgesehene und erweiterte Auflage 2015

© Verlag Herder GmbH, Freiburg im Breisgau 2014
Alle Rechte vorbehalten
www.herder.de

Umschlaggestaltung: Verlag Herder
Umschlagmotiv: © farnell_farnell, Fotolia

Satz: Barbara Herrmann, Freiburg im Breisgau
Herstellung: CPI books GmbH, Leck

Printed in Germany

ISBN 978-3-451-30686-0

Inhalt

Vorwort zur zweiten Auflage

Erfreulicherweise war die Erstauflage dieses Buches bereits nach wenigen Monaten vergriffen. Für die Neuauflage ist es gründlich durchgesehen und um einen Exkurs ergänzt worden, in dem ich zu Karl-Heinz Menkes Kritik an zentralen Thesen meiner Soteriologie, aber auch an meinem Gottesbegriff, Stellung nehme. Menke hatte seine Kritik bald nach Erscheinen meines Buches im Rahmen eines Vortrags formuliert, der nun auch in der IkaZ erschienen ist.

Theodor W. Adorno hat einmal vermerkt, dass man sich klarmachen müsse, „welche unbeschreibliche Anstrengung und welche Opfer es die Menschheit auf ihrem Entwicklungsweg gekostet haben" müsse, „jene Kraft zur Beherrschung der inneren und äußeren Natur zu erringen", durch die sie sich dann schließlich von dieser Natur absetzte und die sich „dann als eine begnadete Sonderqualität, nämlich eben als die der Freiheit, sich selbst" zurückspiegele.[1] Will sagen: Auch die Freiheit hat ihre Geschichte. Und im geschichtlichen Prozess des Erlernens von Freiheit hat die Menschheit sich allererst einen Begriff von Gott gebildet. Dies ist plural geschehen, und der Prozess, in dem sich die Menschheit über sich und über den Grund aller Wirklichkeit verständigt, ist ein unabschließbarer. Dies historisch zuzulassen, bedeutet nicht, Fragen von Normativität aufzugeben, im Gegenteil. Diesen Streit über die göttlichen

---

[1] Th. W. Adorno, Zur Lehre von der Geschichte und von der Freiheit (= Nachgelassene Schriften 13; hg. v. R. Tiedemann), Frankfurt ³2001, 289.

Dinge und damit um den Begriff des Menschen führen zu können, aber auch zu müssen, ist Elend und Größe des Menschen. Dankbar dafür, mich bereits seit 1998 immer wieder mit „Carlo" Menke „streiten" zu dürfen, dankbar für Ermutigung und freundschaftliches Gespräch, widme ich ihm in herzlicher Verbundenheit die hier abgedruckte Replik auf ihn anlässlich seines 65. Geburtstages.

Freiburg, im Januar 2015
Magnus Striet

Einleitung

Ein denkendes Schilfrohr, Gnädigste,
ist der Mensch, *un roseau pensant,*
was ist der Mensch denn anderes.

Daniel Kehlmann

Letzten Endes bin ich nicht sicher, recht zu haben.

Albert Camus

Wenn die Gottesfrage kulturell – in der Literatur, dem Theater und der Musik, der Kunst – oder aber auch in der Philosophie präsent ist, und sie ist dies, dann in einer bestimmten Variante. Gott wird vermisst, schmerzlich vermisst. Man lese nur Martin Walser, der keineswegs erst im voranschreitenden Alter das Gottesthema für sich entdeckt hat. Wie sollte dies auch anders sein? Wer wie Walser seinen Fichte, seinen Kierkegaard kennt, immer wieder Nietzsche liest, wird die Gottesfrage nicht mehr los.[2] Oder man lese den Roman *F* von Daniel Kehlmann aus dem Jahr 2013, oder auch die Aufzeichnungen *Arbeit und Struktur* von Wolfgang Herrndorf[3], der sich gerade einmal achtundvierzigjährig im August 2013 das Leben nahm – nachdem er sich

---

[2] Zu Martin Walser vgl. meine Überlegungen in: ,Ich glaube nichts und ich knie'. Martin Walser über Religion, in: J.-H. Tück (Hg.), Was fehlt, wenn Gott fehlt? Martin Walser über Rechtfertigung – theologische Erwiderungen, Freiburg 2013, 97–106.

[3] W. Herrndorf, Arbeit und Struktur, Berlin 2013.

drei Jahre mit einem Hirntumor gequält hatte, ohne darüber seinen Humor, seinen Hunger nach Leben zu verlieren, aber auch ohne angesichts des nahenden Endes nochmals religiös zu werden. Für Herrndorf war entschieden, dass Gott nicht existieren kann, Gott eine Projektion gemäß der Bedürfnisstruktur des Menschen ist. Es ist die alte Logik. Wer überhaupt leidenschaftlich über den Menschen nachdenkt, noch nicht abgebrüht ist, wird auf die Gottesfrage stoßen – aber: Niemand fängt von einem Nullpunkt an. Jede Reflexion findet in einem geprägten Raum statt, findet sich und reibt sich an dem hier Präsenten. Und dieser Raum ist hierzulande über lange Zeiten christlich geprägt worden. Und damit von der Rede vom Gott Abrahams, Isaaks und Jakobs, von diesem alten Gott Israels, der eine Verheißung hat. Ich konzentriere mich auf die christliche Prägung, auch wenn dann im Buch selbst neben christlichen auch jüdisch geprägte Stimmen zu Gehör gebracht werden.[4]

Allerdings ist eben dies auch das Problem. Es gibt nicht *die* Prägung eines Kulturkreises durch *das* Christentum. Was wirksam ist, sind geschichtlich gewordene Konzepte des Christentums. Nie stand einfach fest, worin die Bedeutung des Menschen Jesus besteht. Über lange Zeit hat man darum gerungen, was das Geheimnis seiner Person ausmacht. Die Auseinandersetzungen hierum sind mit einer großen Härte geführt worden, und an deren Ende stand das Bekenntnis zur Sohnschaft Jesu – zum singulären Gottessohnsein Jesu. Ebenso wenig stand fest, welche soteriologische Bedeutung dem Ereignis dieses Lebens zukommt. Das Neue Testament lässt sich als Niederschlag dieses

---

[4] Wenn ich im Folgenden Stimmen aus dem islamischen Kulturkontext bezogen auf die Frage, inwiefern diese den hiesigen Kulturraum prägen, ausspare, so bitte ich dies zu entschuldigen. Ich bin schlicht zu unsicher, historisch und systematisch, um hierzu etwas Profundes sagen zu können.

Ringens verstehen. Noch entscheidender aber dürften die Konzepte späterer Theologen geworden sein, gemeint sind Augustinus und Anselm von Canterbury. Während ersterer die Verdüsterung der Schöpfung durch Krankheit, Tod und Gewalt auf eine Ursprungssünde, die Tat Adams zurückführte, fand zweiter die Antwort auf die Frage nach dem *Cur deus homo?*: Gott ließ seinen Sohn am Kreuz das notwendige Opfer bringen, um sich mit der Menschheit versöhnen zu können, und dies sollte Ausdruck seiner Barmherzigkeit sein. Dieses geschichtlich immens wirksame Gesamtkonstrukt hat freilich inzwischen seine Plausibilität weitgehend eingebüßt. Seitdem Menschen sich nicht mehr verunsichern lassen, ihnen die Rede von einer ursprünglichen Sünde Adams, welche die gesamte, an sich gute Schöpfung ins Gegenteil verkehrt habe, so dass seitdem erst Not und Elend herrschten, zutiefst fragwürdig geworden ist, bohrt die alte Frage der Theodizee – die Frage also, wie sich der Glaube an einen allmächtigen, gerechten und gütigen Gott vereinbaren lasse mit den realen Erfahrungen von Menschen. Israel bereits hat sich mit der Frage geplagt, und sie hat sich im Verlauf der Jahrhunderte immer weiter verschärft. Wo ist Gott? Ist Gott vielleicht doch nur ein Hirngespinst des Menschen, der es nicht damit aushält, nur eine Fußnote eines gigantischen, ohne Grund und Ziel ablaufenden kosmischen Geschehens zu sein?

Der Verdacht steht im Raum, und ausräumen lässt er sich auch nicht mehr. Die Gottesgewissheit ist dahin. Aber endgültig widerlegen lässt sich der freie Schöpfergott auch nicht, und so hadern die, denen dieser Gott zu ihrer religiösen Überzeugung gehört, auch weiterhin mit ihm – und dies, weil weder das eine noch das andere zu beweisen ist, keineswegs gegen alle Vernunft. Wenn Vernunft beanspruchen darf, was Gründe für sich aufzubringen vermag, ohne beanspruchen zu können, dass diese hinlänglich sind, so ist der Glaube vernünftig. Es ist eben alles eine

Frage der Definition. Widervernünftig freilich wäre es, die eigene religiöse Überzeugung, vorausgesetzt nur, sie rechnet mit dem freien, von der Welt und dem Menschen unterschiedenen allmächtigen Gott, nicht mit den Widerwärtigkeiten von Natur und Geschichte zu konfrontieren. Denn eine solche religiöse Überzeugung wäre nicht erfahrungsgesättigt, hätte mit diesem Leben nichts zu tun.

Kurz vor seinem Suizid hat Jean Améry, der zuvor Hans Chaim Mayer hieß, geschrieben: „Der aggressive Atheismus kann unbesorgt abdanken, da der Glaube schon abgedankt hat."[5] Die Geschichte ist einen anderen Weg gegangen, religionsimaginierte Konflikte bestimmen das Weltgeschehen. Von daher kann man verstehen, wenn Menschen gegen Religionen im Namen von mehr Toleranz und Friedfertigkeit agieren. Améry hat freilich nicht diese Religionsakteure vor Augen gehabt. Dass Gesellschaften nicht auf Religion basieren müssen, soll es in ihnen einigermaßen friedlich zugehen, der gesellschaftliche Kitt das Freiheits- und Gerechtigkeitsverlangen zu sein hat, war ihm, dem an europäischen Aufklärungstraditionen Festhaltenden, klar. Beschäftigt hat ihn nicht der Gott der Wertegarantien, sondern der Gott, auf den die Sehnsucht des Menschen zielt, wenn er nach Rettung verlangt. Améry wurde in der Gestapohaft gefoltert. Und als Überlebender der Shoah war er von der Frage gequält, warum nicht auch er, wie die unzähligen anderen, die ,rechtmäßig' zum Tode verurteilt waren, umgebracht worden sei. Groß geworden war er in den jüdischen Glaubenstraditionen. Und in deren Zentrum steht zwar das Bekenntnis zum Exodusgott, zu dem Gott, der aus der Knechtschaft befreit und Zukunft schafft. Das biblische Denken weiß

---

[5] J. Améry, Atheismus ohne Provokation, in: ders., Aufsätze zur Philosophie (= Werke; 6), Stuttgart 2004, 469–482, 475.

12

aber auch um die Härte des Gottvermissens, und deshalb geht es mit Gott ins Gericht. Angesichts der Harmlosigkeit dessen, was sich als Glaube bezeichnete, konnte Améry sarkastisch werden. Und dies mit Grund. Denn die Theodizeefrage war selbst in den 60er Jahren des letzten Jahrhunderts trotz der Erfahrung der gerade zurückliegenden Katastrophe noch nicht zu dem Rang gekommen, der ihr zukommt. Jedenfalls nicht im christlichen Raum.[6] Zwar erhoben sich die ersten theologischen Stimmen, empörten sie sich, weil Kirchen und Theologien schwiegen und nicht die Frage *Wo bist Du Gott?* zu ihrem Gravitationszentrum machten. Noch aber dachte man weitgehend unberührt von der Frage der Theodizee.

Große Teile der Theologie haben inzwischen dazugelernt; ob dies auch auf breiter Basis in den Kirchen der Fall ist, wage ich zu bezweifeln. Dort herrscht, zeitgeistgemäß, Wohlfühlspiritualität – und schließlich hat man auch genug zu tun mit Strukturveränderungen. Dass die so belasten, wie es faktisch der Fall ist, verantworten freilich nicht die Gemeinden. Die Not der Gemeinden ist – jedenfalls im römisch-katholischen Raum, und ausschließlich auf den beziehe ich mich als katholischer Theologe im Folgenden, weil ich keine präzisen Kenntnisse des protestantischen Raums, geschweige denn der evangelikalen oder gar orthodoxen Christentümer besitze – Ausdruck einer Hierarchiekrise. Es wäre theologisch problemlos möglich, endlich Veränderungen anzugehen, um endlich der Frage ihr Recht zu gewähren, die dem Menschen und – wenn er existiert – Gott tatsächlich angemessen ist, der Gottesfrage.

---

[6] Nicht bewerten kann und will ich, ob und vor allem wie die Frage der Theodizee im jüdischen Raum erörtert wurde. Vgl. immer noch sehr informativ M. Brocke/H. Jochum, Wolkensäule und Feuerstein. Jüdische Theologie des Holocaust, Gütersloh 1982.

‚Gott', die Frage nach ihm, kommt im kirchlichen Binnenraum immer weniger vor, jedenfalls nicht in ihrer biblischen Nervosität – in der eschatologischen Zuspitzung, die lautet: *Wo bist Du, Gott?*

Wie bereits angedeutet, ist in der westlichen Gegenwartskultur die Gottesfrage allgegenwärtig, aber eben als Frage der Theodizee – und dies nicht im Raum der institutionalisierten Kirchen, sondern außerhalb, im Raum der Kultur. Aber vielleicht konstituiert sich Kirche ja auch so, dort, wo man sie zunächst nicht vermutet, wo aber der Glutkern der Gottesfrage zündelt. Und ob Gott existiert, ist dann beinahe schon eine zweitrangige Frage, hier zumindest. Würde sie nicht mehr gestellt werden, so wäre etwas verloren gegangen. Man muss nicht an Gott glauben, um verstehen zu können, dass Gott ein Sehnsuchtswort ist. Wer dem Wort Gott nichts mehr abgewinnen kann, ist bereits abgestumpft. Ein hartes Wort, aber ich stehe dazu. Ein Atheismus aus Theodizeegründen sollte sich hier ebenso fernhalten wie von den Orten, wo die allzu eifrigen Gottfrommen sich tummeln. Oder aber auftreten, wie dereinst Jesus im Tempel: Nicht nur der Mammon ist der Feind Gottes, nicht nur ein machtstabilisierender Opferkult, sondern auch eine Lobhudelei Gottes, die weder Gott noch dem Menschen gerecht wird. Will der Glaube human bleiben, so hat er sich zu fragen, ob der geglaubte Gott menschenachtsam ist. Und dann kann die Empirie, darf die Härte des Lebens nicht außen vor bleiben.

Die hier vorgelegten Texte sind nicht gänzlich neu. In Erstfassungen sind sie bis auf zwei bereits erschienen. Für diese Publikation wurden sie allerdings nochmals gründlich überarbeitet, erweitert und auch umgestaltet. Von daher sind es dann doch neue Texte. Bei der Überarbeitung war es mir wichtig, dass sie einzeln gelesen werden können, aber auch, dass die Texte ein Gesamtes ergeben.

Dem Text *Gott darf nicht sein* liegt ursprünglich ein nun wesentlich erweiterter Text zu Philip Roth zugrunde, dem unermüdlichen amerikanischen Literaten; das Theodizeeproblem wird in *Nemesis*, dem 2010 von ihm publizierten Roman, drastisch inszeniert. Es sind keine wirklich neuen Argumente, die sich in dem Roman gegen die Existenz Gottes aus Theodizeegründen finden. Aber es müssen auch keine neuen sein. Die alten Einwände gegen Gottes Güte und Gerechtigkeit haben bis heute an Schlagkraft nichts verloren. Der zweite Text ist einer zu Jean Améry. Er ist mir mit am wichtigsten. Es folgt ein Text mit einem Gang ins 19. Jahrhundert; Charles Darwin, Georg Büchner und Heinrich Heine sind hier die wichtigsten Gesprächspartner.

Heine ist eine der interessantesten Leseerfahrungen überhaupt, die man meines Erachtens machen kann: unbestechlich war er, in seiner Freiheitseuphorie ließ er sich nicht brechen, weder von den politisch Restaurativen noch von den Klerikalen, die meinten, Menschen am Gängelband ihrer Selbstgewissheit halten zu dürfen. Und als ihm existentiell die Frage nach Gott unausweichlich wurde, er in seiner Not nicht mehr wusste, wohin er sich wenden sollte, war es ihm nicht peinlich, auch öffentlich zu bekunden, wohin: zu Gott. Dass es bei aller Zukunftshoffnung allerdings immer zunächst um dieses Leben geht, der Mensch ein Anrecht darauf hat, satt sein zu dürfen, seine physisch-leiblichen Bedürfnisse sein dürfen, erfüllt werden sollen, hat er als Überzeugung nie verraten. Von einer Entweltlichungsrhetorik, deren kirchliche Karriere von den ersten Ursprüngen an bis in die Gegenwart begegnet, war er weit entfernt. Gequält von Schmerzen, körperlich ausgemergelt, hat er noch das Loblied auf dieses Leben angestimmt. Seine Himmelsutopie hat die Erde nicht verraten.

Es folgt ein Text zu Albert Camus. Er habe christliche Sorgen, denke aber heidnisch, hat Camus einmal notiert.[7] Ich bin unsicher, ob das von ihm so genannte Heidnische, womit er eine griechische, schicksalsergebene – aber gleichzeitig heiter-gelassene, mittelmeerische Existenz meinte, tatsächlich eine Alternative zur religiösen, auf den persönlichen und allmächtigen Gott sich richtenden Hoffnung darstellt. Aber die gleichzeitige Skepsis, die Camus in sich trug, seine Abneigung gegen ein Christentum im Gefolge Augustins, das immer nur den Menschen als Grund allen Übels in den Blick bekommt und das mit seinem Sündenwahn die Sinnlichkeit, die Lust am Leben meinte denunzieren zu müssen, teile ich. Camus war freilich auch alles andere als ein aggressiver Gottesverächter. An der Möglichkeit des definitiv Absurden hat er vielmehr gelitten wie ein Hund. So jedenfalls der Arzt Rieux in *Die Pest*. Deshalb bleibt Rieux dem Gottesgedanken negativ verhaftet, vermag er nicht überzuwechseln zu einer gelassenen, heiteren Existenz. Die Pest, das ist eben das Leben. Wunderbar, aber eben auch immer wieder grausam, und verdammt tödlich.

Das Buch endet mit einem Text zur Rede von der Allmacht Gottes. Ich rechne nicht mehr mit einem Eingreifen Gottes in den Natur- oder auch in den Geschichtsverlauf. Die Erfahrung steht mit ihrer vollen Härte gegen die Vorstellung eines eingreifenden Gottes. Allerdings bin ich auch nicht bereit, die Hoffnung auf einen allmächtigen Gott preiszugeben. Wer diese Hoffnung nicht mehr hegt, wird nicht mehr damit rechnen können, dass doch noch Gerechtigkeit geschieht und dereinst die unzähligen Tränen abgewischt werden. Ich werde einen Gott ,empfehlen', der eingreifen könnte – der dies aber nicht tut. Ob ein sol-

---

[7] A. Camus, Essais. Introduction par R. Quillot. Édition établie et annotée par R. Quillot et L. Faucon, Paris 1992, 1615: „J'ai des préoccupations chrétiennes, mais ma nature est paienne."

cher Gott existieren kann, seine ontologische Beweisführung an-
getreten werden kann, will ich in diesem Buch nicht zum Thema
machen. Diese hochdiffizile Frage ist nicht zu entscheiden; ich
kann hier nur einige Andeutungen zu ihr machen. Wer glaubt,
der hofft, dass der ersehnte Gott existiert; mehr geht meines Erachtens nicht. Klarstellen will ich auch, dass dieses Buch der Gedankenwelt eines Theologen entspringt, der christlich inspiriert
ist. Auch wenn so manches, was hier vorgetragen wird, ortho-
doxiebeflissenen Ohren seltsam fremd vorkommen mag. Für
mich gilt: Das Christentum hat die wohl verrückteste Gottesvorstellung in die Welt gesetzt: *et incarnatus est*, und ist Mensch
geworden – hat menschliches Fleisch angenommen. Womöglich
hat es dadurch einen Gott gedacht, dem am ehesten zuzutrauen
ist, seine Theodizee leisten zu können. Diesem Gedanken soll der
letzte Text gewidmet sein.

Das Buch richtet sich an, ja an wen eigentlich genau …? Ich
will es so umschreiben: Es richtet sich an theologisch Interes-
sierte, an solche, die von der Sehnsucht umhergetrieben sind,
dass an diesen alten, damals in Israel aufgebrochenen Glaubenstraditionen etwas dran sein möge, die sich aber auch nicht aus
der Geschichte wegstehlen möchten. Wer sich aus der Geschichte, den Realitäten, wegstehlen möchte, lasse die Hand von diesem Buch. Die Zeichen der Zeit sind die einer zumindest möglichen „metaphysischen Obdachlosigkeit" (George Lukács).
Niemand vermag zu entscheiden, ob Gott, der Rettergott,
existiert – aber als Sehnsuchtswort wird immer wieder nach diesem Gott geseufzt, präziser müsste man wohl sagen: er wird
erseufzt – und dennoch bleibt die Skepsis. Der Verdacht, dass
Gott nur eine Sehnsuchtsprojektion sein könnte, lässt sich nicht
mehr ausschließen. Nur die religiösen Virtuosen dürften noch
sicher sein. Oder die, die noch nie nachgedacht haben. In diesem Sinn handelt das Buch von religiöser Sehnsucht in der

Moderne. Bezeichnet wird mit dem Begriff der Moderne diese Unsicherheit, dass nichts feststeht, auch nicht Gott. Und ich möchte noch eine Warnung vorwegschicken: Wer von Königsberg, diesem Städtchen, in dem Immanuel Kant wohnte und von dem aus die größte Revolution der Denkungsart der letzten Jahrhunderte ausging, nichts hält und lieber einem Obrigkeitsglauben anhängt, sollte das Buch weglegen. Es würde ihn oder sie nur ärgern.

Und auch nicht weiterlesen sollte dieses Buch, wer die Möglichkeit gar nicht erst zulassen will, dass diese Welt alles ist, sie keinen Gott kennt, sie dagegen schlicht ist und – warum auch immer – immer wieder neu gebiert, und dies absichtslos – ziellos. Und dass auch der Mensch das Produkt einer blind verlaufenden Evolution sein könnte. Bereits vom Wachsen seines Tumors beherrscht, hat der oben schon erwähnte Wolfgang Herrndorf nochmals eine Rede halten wollen vor Freunden – eine Rede, die ins Grundsätzliche gehen sollte. Wie sollte dies auch anders sein angesichts des sich nähernden Endes? Und faktisch hat ja auch ein jeder Mensch seine Weltformel im Kopf. Ob er die Rede überhaupt geschrieben hatte, ist nicht klar, vermutlich nicht. Als dann alle versammelt waren, fand er sie unter seinen Aufzeichnungen nicht. Weil er aber verzweifelt reden wollte, las er einige Sätze aus seinem Notizbuch vor, bevor ihn dann die Sanitäter auf die Notfallstation brachten: „Alles ist richtig. Alles ist richtig. Die Welt ist eine Schleife. Das Leben ist das Leben, und das Nichts ist das Nichts."[8] Ja, vielleicht ist das Leben wirklich nur das Leben. Vielleicht verdankt es sich nur einem blinden, dann aber einem grandiosen Zufall. Jedenfalls gilt dies für die, denen es einigermaßen glimpflich mitgespielt hat. Sollte dies der Fall sein, so wird es der Mensch nie

---

[8] W. Herrndorf, Arbeit und Struktur, 143.

erfahren. Aber vielleicht ist dies auch nicht der Fall. Vielleicht gibt es nicht nur eine ins Nichts verlaufende Schleife, sondern läuft dieses Leben auf einen hinaus, der immer noch Möglichkeit hat – der über jede menschliche Möglichkeit hinaus noch Möglichkeit hat. Der Name für diesen ist Gott, ein Gott, der aller Möglichkeit und damit auch aller Wirklichkeit mächtig ist.

Wenn sich die Welt aber diesem Gott verdankt, sie sich nur in ihrer Existenz erhält, weil er sie erhält, so schleift er den Menschen durch das Leben ganz schön zurecht. So schön wie das Leben ist, und die allermeisten Menschen möchten es nicht missen, so unempfindlich ist es gegenüber den Nöten des Menschen. Und wie es endet, ist klar. Immer noch, wie Odo Marquard einmal formuliert hat, „durchschnittlich zu hundert Prozent tödlich". Ich weiß nicht mehr, wo ich dies bei ihm gelesen habe. Aber es war mir auch zu schade, allzu viel Lebenszeit darauf zu verwenden, den Nachweis liefern zu können. Denn ob es der reale oder der imaginierte Odo Marquard war, spielt keine Rolle. Das Zitat bringt die *conditio humana* präzise, man könnte auch sagen überdurchschnittlich präzise auf den Punkt. Und Gott? Nochmals: Wer die durch keine menschliche Schuld zu erklärenden Unsäglichkeiten des Lebens nicht Gott anlasten möchte, – und ich muss hinzufügen: wenn Gott, der freie Gott überhaupt existiert –, sollte nicht weiterlesen. Das Leben als solches ist schon reichlich schwierig. Man sollte es nicht unnötig belasten.

Zu entschuldigen bitte ich einige Redundanzen. Dies betrifft vor allem die Passagen, die sich kritisch mit dem verhängnisvollen Erbe Augustins auseinandersetzen. Und dass ich immer wieder auf das Theodizeethema zu sprechen komme. Und: dass ich immer wieder eine deutliche Skepsis gegenüber den boomenden Spiritualitäten der Gegenwart anmelde. Meine Überlegungen sind radikal der Welt verpflichtet, und deshalb sind mir die Entweltlichungstendenzen einer Vielzahl grassierender Religionstrends zutiefst suspekt. Nicht zu verschweigende Redundanzen sind auch der Entstehung dieses Buches geschuldet. Aber auch dem Verdacht, dass, bezogen auf den Augustinismus, immer noch dringliche Aufräumarbeit notwendig ist, um die lebenstragende, ermutigende Kraft eines anderen Christentums in einer Gesellschaft aufscheinen zu lassen, der die Glaubensgewissheit vergangener Generationen in weiten Teilen abhandengekommen ist. Redundanz kann auch ein strategisches Mittel sein. Sie könnte bewusst eingesetzte Penetranz sein. Auch lässt sich dieses Buch nur sehr beschränkt auf Fachdiskurse ein. Eine Ausnahme bildet der Exkurs in der Studie zur Allmachtsfrage. Umfänglicher nachzuverfolgen sind diese in meinem Buch *Radikale Kontingenz*, das die Basis zu diesem Buch abgibt und in etwa zeitgleich erscheint. Die vorgelegten Texte, auch Studien genannt, sind einzeln zu lesen, bilden aber ein Ganzes. Sie wollen dem Gott, von dem die biblischen Texte sprechen, dem menschenzugewandten und treuen Gott, das Wort reden. Deshalb plädiert der letzte Text auch dafür, an der Allmachtsprädikation Gottes festzuhalten – aber nüchtern.

Die Idee, die Texte zu einem Buch zusammenzufassen, stammt von meinem inzwischen langjährigen Freund Alexander Foitzik. Ich widme es ihm zu seinem 50. Geburtstag. Ihm sei für diese und so manche andere Ermutigung herzlich gedankt.

I.
Gott darf nicht sein

Über verderbliche Theologie. Und über redliche Gottesbestreiter

Es soll um die Frage der Theodizee gehen. Präziser soll es um die Frage gehen, warum, beginnend im 19. Jahrhundert, der Glaube an Gott nicht mehr sein durfte. Er dies zumindest bei einigen, moralisch empfindsamen Figuren nicht mehr durfte. Dies hat Gründe, die in der Frage der Theodizee liegen. Aber man muss vorsichtig sein: Es gibt nicht *die* Frage der Theodizee; auch wenn es Konstanten in der Problemformulierung gibt, so lassen sich auch Verlagerungen in der Problemstellung beobachten. Es sind geschichtliche Kontexte, und es sind grundlegende Transformationen im Selbstverständnis des Menschen, welche diese Frage durchbuchstabieren. Im Übergang vom 18. zum 19. Jahrhundert hat sich eine solche Transformation ereignet. Erst in dieser Zeit kam die Idee auf, dass Gott sich moralisch so diskreditiert habe, dass es besser sei, nicht mehr mit ihm zu rechnen, ja nicht mehr mit ihm gerechnet werden dürfe, weil das moralische Gewissen des Menschen dies verbiete.

Nicht nur dass der Gottglaube in dieser Zeit zutiefst von den durch die neuen Welterfahrungen bedingten Umwälzungsprozessen erschüttert wurde. Das Weltbild hatte bereits seit geraumer Zeit begonnen, sich grundlegend zu verändern. Es sei nur auf Pascal verwiesen, der geradezu erschrocken war von der Ahnung der Unermesslichkeit der kosmischen Weiten und der Zeit. Pascal ahnt die Möglichkeit, dass der Mensch ein „Nichts vor dem Unendlichen" sein könnte; zwar selbst ein

„All"[9], aber eines, das dennoch nur eine Randnotiz des Kosmos sein könnte. Pascal rettet sich noch in die Wette hinein. Besser auf den Gott Abrahams, Isaaks und Jakobs setzen, als sich bereits jetzt damit abzufinden, dass das ‚ich' in seiner Individualität wieder ins Nichts verschwinden könnte. Mit einem Irrationalismus hatte diese Wette nichts zu tun. Sie steht am Ende einer grundlegenden Reflexion auf die *conditio humana*. Zum „Denken" sei der Mensch „geschaffen", darin liege seine „ganze Würde", und: „es ist seine Pflicht, richtig zu denken."[10] Aber die Prozesse gingen voran. Der Glaube an den Schöpfergott begann immer ortloser zu werden, und in eins damit wurde der Gedanke immer drängender, dass der Mensch vielleicht nur eine Marginalie im kosmischen Geschehen sein könnte. Gleichwohl blieb Gott immer noch eine Ahnung, man kann auch sagen: ein Sehnsuchtswort. Gott blieb ein Sehnsuchtswort angesichts der Ahnung, dass der Mensch nur eine Marginalie in den kosmischen Prozessen sein könnte.

Aber auch das Theodizeeproblem begann, immer stärker zu drängen. Zumindest in den intellektuellen Eliten wurde es präsenter. Spätestens mit dem Erdbeben von Lissabon[11] brach jedenfalls der Versuch zusammen, rein rational Gott durch das Argument rechtfertigen zu wollen, dass alles notwendig relativ sinnvoll sein müsse. In der besten aller für Gott möglichen Welten könne nichts rein negativ sein, da Gott diese Welt dann

---

[9] B. Pascal, Über die Religion und über einige andere Gegenstände. Aus dem Französischen und mit einem Nachwort versehen von E. Wasmuth, Heidelberg 1978, 43. Bei aller Faszination für Pascal möchte ich aber auch nicht verschweigen, dass er noch deutlich von Augustinus und damit in seiner Sicht des Menschen vom Bewusstsein der Sündigkeit des Menschen geprägt ist.
[10] Ebd., 87.
[11] Vgl. exemplarisch U. Löffler, Lissabons Fall – Europas Schrecken, Berlin/ New York 1999.

nicht geschaffen hätte. Wofür ein Voltaire in seinem *Candide* nur Spott übrig hatte, blieb dann Kant zu zeigen: Dass es der menschlichen Vernunft schlechterdings unmöglich sei, aufzeigen zu können, wie das, was nicht zweckhaft ist, sich zur Weisheit eines obersten Welturhebers verhalte.[12]

Theodizeeanschärfung im 19. Jahrhundert

Und dennoch wird im 19. Jahrhundert die Frage der Theodizee nochmals anders akzentuiert, und zwar in einer Weise, wie dies so zuvor meines Erachtens nicht geschah und auch nicht möglich war. Diese Neuakzentuierung hat ihre Basis in einem neuen Autonomiebewusstsein. Als der Mensch sich als die Quelle begriff, in der entschieden wird, was moralisch geboten ist, geriet der Gottglaube unter Druck. Noch nicht bei Kant, wie wir sehen werden. Für ihn blieb der freie Gott immer noch ein reines Vernunftpostulat, aus moralischen Gründen notwendig zu postulieren, weil es dem Menschen schließlich nicht gleichgültig sein kann, ob sein Sinn- und Gerechtigkeitsbedürfnis ins Leere läuft oder nicht. Allerdings ohne darüber eine Existenzgewissheit verbürgen zu können.[13] Doch bereits wenige Jahrzehnte später stellt sich die Frage, ob Gott sich nicht moralisch so diskreditiert haben könnte, dass es nicht einmal mehr erlaubt sei, auf ihn zu hoffen. Es ist die grundlegende Einsicht, dass ich, um überhaupt moralisch sein zu können, mir selbst Gesetz sein

---

[12] I. Kant, Über das Misslingen aller philosophischen Versuche in der Theodizee (= WA; XI), Frankfurt 1991, A 210f. Die Werke Kants werden nach dieser, von W. Weischedel edierten Ausgabe zitiert.
[13] I. Kant, Kritik der praktischen Vernunft (= WA; VII), A 226.

muss und ich deshalb einer Norm nur aus innerer Überzeugung folgen darf, die sich bemerkbar machen wird.

Ich werde den Begriff noch vertiefen, den der Mensch gegen Ende des 18. Jahrhunderts, als Selbstgesetzgebung zum entscheidenden Stichwort wurde, von sich selbst ausbildete. Ideengeschichtlich kommt Kant hier eine Schlüsselfunktion zu. Über Autonomie und das heißt über Freiheit zu reden, ist freilich nur dann sinnvoll, wenn man den tatsächlichen Menschen in den Blick nimmt. Gleichzeitig zeigt sich so schnell, warum sich das Theodizeeproblem unter diesen sich verändernden Verständigungsbedingungen anschärft. Dass der Mensch nur relativ frei ist, er als ein soziales und vergesellschaftetes Wesen sich unter den Bedingungen vollzieht, in die er hineingeboren wird, sollte unstrittig sein. Deshalb ergibt es letztlich keinen Sinn, über *den* Menschen zu sprechen. Der Begriff des Menschen ergibt sich folglich aus komplexen geschichtlichen Bedingungen, und er ist durchaus transformierbar. Allerdings lassen sich auch Konstanten zeigen. Dass der Mensch nicht symbiotisch mit der Natur und Umwelt existiert, wird epochen- und kulturübergreifend unterstellt. Und damit wird auch unterstellt, dass er relativ frei ist, was meint: Er kann sich in ein selbstbestimmtes Verhältnis zu den Umständen setzen, unter denen er sich vorfindet. Dass diese grundlegende freiheitstheoretische Einsicht erst relativ jung und spezifisch für die Neuzeit ist, ändert nichts daran, dass Menschen sich dies auch zuvor unterstellt haben. Selbst Augustinus, auf den ich gleich zu sprechen komme und der wie kaum ein anderer davon überzeugt war, dass der Wille des Menschen unfrei sei, korrupt geworden durch die Ursprungssünde, hat, wenn auch nur *ex negativo*, diese Freiheitsunterstellung geteilt.

Wenn man sich als Mensch Freiheit unterstellt, immer noch die Freiheitseuphorie der beginnenden Neuzeit teilt, so gilt freilich auch, dass – ich wechsele in die Erste-Person-Perspektive –

ich gerade dann, wenn ich mich dazu bestimme, einen jeden Menschen unbedingt in seinen Rechten achten zu wollen, mehr noch: ich mich aus inneren Beweggründen vielleicht sogar dazu verpflichte, das zu tun, was dem Anderen gut tut, dass ich dann die Erfahrung der eigenen Schwäche mache. Nicht zufällig bin ich in die ‚ich‘-Person-Perspektive gewechselt. Denn zu machen ist diese Erfahrung nur im Innenraum des Bewusstseins. Sie ist gleichwohl leicht beschrieben. Der Wille fügt sich längst nicht immer dem, was aus Einsicht geboten erscheint. Und erst recht ist die Erfahrung unausweichlich, dass auch ein noch so guter Wille sich immer wieder damit konfrontiert sieht, in den tatsächlichen Handlungsmöglichkeiten extrem begrenzt zu sein. Die Erfahrung des Scheiterns ist engstens mit dem Willen zu der eben skizzierten Möglichkeit von Selbstbestimmung verbunden.

Aber es ist nicht nur der eigene Wille, der zum Problem wird, wenn man eine solche Möglichkeit von Moralität an Autonomie bindet. Was ist mit Gott?, so lautet nun die Frage. Ist Gott womöglich unmoralisch, wenn er – immer unterstellt, er habe alle Möglichkeit, das aber impliziert eben der Begriff von Allmacht – nicht handelnd eingreift, wenn Menschen nach ihm schreien, sie sich in ihrer abgründigen Not flehentlich an ihn wenden? Ist der Mensch in der Konsequenz nicht sogar innerlich verpflichtet, mit Gott ins Gericht zu gehen – ihm seine Heiligkeit und damit seine Theodizeetauglichkeit abzusprechen?

Es wurde bereits einleitend darauf verwiesen, dass es auch noch in der Gegenwartskultur immer wieder diese Argumentationsfigur ist, die sich gegen den Gottglauben richtet. Es ist die Befragung Gottes im Paradigma autonomer moralischer Selbstbestimmung des Menschen, die meines Erachtens im 19. Jahrhundert zu einer entscheidenden Anschärfung des Theodizeeproblems führte. Die Erfahrung des Vermissens Gottes treibt bis heute unzählige Menschen in den Unglauben.

Dass diese Erfahrung des Vermissens Gottes, auf der Theorieebene betrachtet, keineswegs zwingend zu dem Schluss seiner Nicht-Existenz führen muss, wird noch gezeigt werden müssen. Wird Gott radikal vermisst, ist es Menschen kaum zu verdenken, dass sie sich auf solche spekulativen Unterscheidungen nicht einlassen. Denn die Vorstellung eines Gottes, der nicht eingreift, obwohl er dies könnte, ist nur schwer auszuhalten. Spätestens wenn diese Vorstellung mit der Folter von Menschen und geschichtlichen Massenmorden konfrontiert wird, sollte dies nicht mehr diskutiert werden müssen. Es scheint mir allerdings auch keine sinnvolle Strategie zu sein, deshalb zu einem Gotteskonzept überzugehen, das ‚Gott' keine Handlungspotenz und damit keine Geschichtsmächtigkeit mehr unterstellt. Solange das Sehnsuchtswort Gott auf die Rettung der personalen Identität zielt, auf Trost für die Geschundenen und auf Gerechtigkeit, braucht Gott zumindest eschatologische Möglichkeit – und das heißt: er braucht Freiheit. Und das heißt wiederum, dass auch Gott – wenn es überhaupt sinnvoll sein soll, den gedachten Gott mit der Theodizeefrage zu belangen – ein Bewusstseinsinnenraum, Wahrnehmungsfähigkeit, Sensibilität für das Menschengeschick und damit eine dem Menschen vergleichbare Personalität unterstellt werden muss. Mehr noch ist ihm zu unterstellen, dass er, wenn Geschichte als Freiheitsgeschichte[14] zu denken ist, der Kontingenz fähig sein und also

---

[14] Dass geschichtliche Prozesse sich insgesamt deutlich komplexer gestalten, sie nicht ausschließlich auf Freiheit zurückgeführt werden können, da Freiheit selbst noch eingebunden ist in evolutive Dynamiken, die nur begrenzt zu steuern sind, diese den Rahmen von Freiheit abgeben, ist selbstverständlich. Und gleichermaßen selbstverständlich ist, dass es individuelle Freiheit nur als vergesellschaftete und in ihrem psychosozialen Haushalt nur bedingt durchschaubare gibt. Hieraus ist aber nicht zu folgern, es gäbe sie nicht – es gibt sie eben nur als begrenzte, endliche.

ein reaktives Vermögen haben muss. Auf die gravierenden Konsequenzen für die in der Tradition des Gottdenkens immer wieder für absolut evident gehaltene und dann auch entsprechend behauptete Allwissenheit Gottes werde ich in der abschließenden Studie zu sprechen kommen.

Selbstverständlich wären religionssoziologische Studien vonnöten, um die These untermauern zu können, dass es eine sich ausprägende Sensibilität für das, was dem Menschen aus inneren Gründen als moralisch gesollt erscheint, war, die zu einer breiten Verabschiedung Gottes geführt hat. Bezogen auf die intellektuellen Debatten und den Kulturbetrieb lässt sich diese These bis heute führen. Es werden noch, wie angekündigt, Beispiele folgen.

Und die Theologie? Theologisch war die Theodizeefrage im 19. und bis weit in das 20. Jahrhundert hinein schlicht stillgestellt. Augustinus und die Theologie, die auf ihm aufbaute, haben hier rabiat gewirkt. Um ja nicht Gott mit der Faktizität der Übel belasten zu müssen, hatte Augustinus alles Übel schließlich einzig und allein auf den Abfall des Menschen von Gott zurückgeführt. In der einen Tat Adams sei die ganze Menschheit schuldhaft von Gott abgefallen. Und seither finde sich ein jeder Mensch im Sog des Bösen. Selbst wenn er es wollte, so könnte er sich aus sich selbst heraus nicht aus diesem Sog befreien.

Und die Konsequenz: Nur die Gnade Gottes kann jetzt noch retten. Auch war für Augustinus klar, dass nur die „mitleidigen Seelen"[15] dem Gedanken zu verfallen vermochten, Gott könne vielleicht doch alle mit seiner Gnade retten wollen. Nein, von nun an stand die Menschheit, die von diesem Denken geprägt

---

[15] Augustinus, De civitate Dei. Aus dem Lateinischen v. W. Thimme. Mit einem Kommentar v. C. Andresen, München [4]1997, XXI, c.17, 712.

wurde, unter dem Eindruck absoluter Heilsungewissheit. Und sie war gespalten. Denn niemand kann wissen, auf welcher Seite er steht. Ob auf der Seite der wenigen Geretteten oder aber auf der Seite der *massa damnata*. Theoretisch jedenfalls. Liest man die *Confessiones* des Augustinus, so gewinnt man freilich nicht den Eindruck, dass ihm auch nur noch ein Funke an Heilsungewissheit geblieben wäre.

Die Theologie des Augustinus hat sich höchst fatal ausgewirkt. Mit seiner Verstrickungserzählung der gesamten Menschheit in die eine Tat Adams hat er unzählige Menschen religiös neurotisiert. In der Heilsungewissheit lebend, nicht wissend, wer „in den Genuss der wonnevollen Gnaden kommen und wer in der ewigen Bitternis der Gottlosigkeit verbleiben wird"[16], bildeten sich Praxen der Gottesbeschwichtigung aus, unter deren Bann noch der vorreformatorische Luther stand[17]. Und dies ist ja auch nachvollziehbar. Wer nicht weiß, ob Gottes aburteilende Gerechtigkeit sich an ihm vollzieht oder nicht, die Bilder von einem Endgericht und unsäglichen Höllenstrafen vor sich hat, tut eben, was er kann. Dass diese Praxen schlicht deshalb nicht von Nutzen sein können, weil der Gott des Augustinus in seinem ewigen Ratschluss immer bereits festgelegt hat, wen er mit seiner Gnade retten werde, sich die gesamte Rede von der Vorherbestimmung in heillose Widersprüche verwickelt, wenn man mit einer Freiheit des Menschen rechnet, fiel nur den wenigsten auf.[18]

---

[16] Augustinus, Confessiones. Lateinisch/Deutsch. Übersetzt, hg. und kommentiert von K. Flasch und B. Mojsisch. Mit einer Einleitung von K. Flasch, Stuttgart 2012, XIII, 743.

[17] Siehe H. Schilling, Martin Luther. Rebell in einer Zeit des Umbruchs, München 2012, 150–152.

[18] Zu den historischen Gnadenstreitigkeiten und deren Aporien vgl. M. Greiner, Gottes wirksame Gnade und menschliche Freiheit. Wiederaufnahme ei-

Der zürnende Gott in der Krise

Der von Augustinus in die Welt gesetzte Gott ist inzwischen allerdings längst in die Krise geraten, und sein Erbsündenkonstrukt, das den Zweck einer Theodizee verfolgte[19], fristet ein ruhiges Dasein in der Theologenrhetorik und in der Liturgiesprache. Auf die Gründe, warum dieser Gott dann doch verstaubte, Menschen – oder täusche ich mich? – sich innerlich dann doch nicht mehr von der Vorstellung einer eigenen Schuld in der Sünde Adams beeindrucken ließen und lassen, werde ich noch zu sprechen kommen müssen. Schuld wird unter modernen Denkbedingungen an Freiheit gebunden, und das konnte am Sündenbegriff nicht spurlos vorübergehen.

Über lange Zeit hatte sich mit dem Erbsündenkonstrukt jedoch verstehbar machen lassen, warum es das Übel in einer ursprünglich guten Schöpfung gab; denn schließlich verdankte sich diese Welt Gott, dem Inbegriff des Guten. Und so musste das physische Übel, mussten selbst Naturkatastrophen auf die selbstverschuldete Vertreibung aus dem Paradies zurückgeführt werden können. Aber: Ich kann mir nicht vorstellen, dass diese Erklärung heute noch von einem auch nur halbwegs ernsthaft denkenden Menschen akzeptiert wird. Dass es Schuld gibt, die sich strukturell ausprägt, ja. Der Mensch ist auch ein *homo oeconomicus*, unausweichlich. Und dass es, um nur dieses Beispiel zu nennen, Wirtschaftsstrukturen gibt, die Menschen an den Rand ihrer Existenz führen, sie verhungern lassen, dürfte kaum

---

nes verdrängten Schlüsselproblems, in: Th. Pröpper, Theologische Anthropologie, Freiburg 2011, hier Bd. 2, 1351–1436.
[19] So völlig zu Recht betont von K. Flasch in: Logik des Schreckens. Augustinus von Hippo. Die Gnadenlehre von 397. Lateinisch – Deutsch. Hg., erklärt und mit einem Nachwort versehen von K. Flasch, 2., verb. Auflage, Mainz 1995.

jemand bestreiten. Aber das physische Elend, Naturkatastrophen lassen sich nicht auf den Menschen zurückführen. Hier greift keine Entlastungsstrategie mehr zugunsten Gottes. In den letzten Jahren ist immer wieder einmal von einer Glaubenskrise die Rede gewesen. Es gebe keine Kirchen-, sondern eine Glaubenskrise. Ich werde in einem an diese Studie anschließenden Diskurs noch eigens auf diese Frage eingehen, möchte aber schon hier anmerken, dass ich unsicher bin, ob ich zustimme. Geglaubt wird viel, aber es wird nicht über Gott geredet. Wenn in den Spiritualitätstempeln der Gegenwart das Einverständnis mit dem großen Ganzen gesucht wird, dann hat das auch mit der Krise des augustinischen Gottes zu tun. Die Züge seines Gottes waren allzu bekannt, allzu menschlich. Umso verlockender muss vor dem Hintergrund dieses Gottes eine Spiritualität erscheinen, in der man sich munter ins Nichts ausschweigt. Dies geschieht dann allerdings mit bedeutungsschwangerem Blick, auch wenn man bestreitet, dass das Erfahrene noch in Worte zu fassen sei. Die Theodizeefrage entfällt hier. Wo kein anklagbarer, kein personaler Gott, da macht auch die Klage keinen Sinn. Auch wenn es paradox klingt, so hat das Erbsündenkonstrukt zur Entlastung Gottes von den Übeln in der Welt, langfristig betrachtet, maßgeblich zu dessen Tod beigetragen.[20] Von hier zu den psychologischen Totalentlastungsstrategien der Gegenwart ist es nur ein kurzer Schritt. Man muss nur die theologische Rahmung streichen und den Fall Adams durch das radikal Unbewusste ersetzen. Und das Erbsündenkonstrukt hat auch die urbiblische Frage zum Verstummen gebracht, was mit der Gerechtigkeit für die Opfer der Geschichte sei. Ist alles eins, ist Gott nicht personal, sondern ein

---

[20] Vgl. meine Überlegungen in: Unterscheidend, weil christlich? Überlegungen zum Spezifikum christlicher Existenz, in: Diakonia 44 (2013) 281–286.

Kommen und Gehen, das dann das Göttliche genannt wird, so gibt es keine Gerechtigkeit. Und auch das erlebte Glück wird dann das Glück von Niemandem sein.

Es war die Fixierung des Menschen auf die Sünde, die ihn hat rebellieren lassen. Friedrich Nietzsche hat in *Jenseits von Gut und Böse* zwar sehr allgemein von der „religiösen Neurose" gesprochen, die immer „verknüpft mit gefährlichen Diät-Verordnungen" auftrete: „Einsamkeit, Fasten und geschlechtlicher Enthaltsamkeit."[21] Liest man nur kurz weiter, so zeigt sich aber, dass es ein bestimmter Religionstyp ist, der Nietzsches Kritik anheimfällt. Und selbstverständlich gehört für ihn, den Pastorensohn, das Christentum dazu. Religiosität reduziert sich für Nietzsche auf „Busskrampf und Welt-und-Willensvernichtung"[22]. Liest man in den *Confessiones* des Augustinus, so wird man Nietzsches Beschreibung des religiösen Wesens nicht widersprechen können. Jedenfalls dann nicht, wenn man die wahre Religiosität, die für Augustinus selbstverständlich im Christentum realisiert ist, von ihm her begreift.

Als im Jahr 1976 der Psychoanalytiker Tilmann Moser sein Buch *Gottesvergiftung*[23] auf den Markt brachte, Eugen Biser immer wieder neu die Vorstellung von einem strafenden Gott, der kleinlich auch nur die geringste Bewegung des Menschen registriert, einer Kritik unterzog[24], war dies für eine ganze Generation eine Wohltat. Endlich sagten diese nochmals, was doch viele längst dachten: Dieser Gott machte krank, lähmte das Leben. Dass Menschen sich aus der Zwangsjacke dieses Gottes be-

---

[21] F. Nietzsche, Jenseits von Gut und Böse (= KSA; 5), München ²1988, 67. Die Werke Nietzsches werden jeweils nach dieser Ausgabe zitiert.

[22] Ebd., 68.

[23] T. Moser, Gottesvergiftung, Frankfurt 1976.

[24] Vgl. exemplarisch E. Biser, Überwindung der Lebensangst. Wege zu einem befreienden Gottesbild, München 1998.

freien konnten, hatte unterschiedliche Voraussetzungen. Sicherlich hatte dies auch damit zu tun, dass die sozialisierende Prägekraft der Kirchen erheblich nachließ. Wann dieser Prozess der Milieuauflösung einsetzte, muss hier nicht verfolgt werden. Aber dass dieser Prozess überhaupt voranschritt, war eine der Voraussetzungen dafür, dass dieser Gott auch in den nichtintellektuellen Milieus an Bedeutung verlor. Aber was nun?

Ein tanzender Gott?

Ob man deshalb schon, wie Nietzsche meinte, „nur an einen Gott glauben" möchte, „der zu tanzen verstünde"[25], steht allerdings auf einem anderen Blatt. Im Symbol des tanzenden Gottes erhoffte Nietzsche die Rückkehr zu den von ihm so imaginierten antiken Idealen der griechischen Kultur. Einverständnis mit dem Dasein, Heiterkeit – und kein Leiden am Leiden. Religion und repressive Moral waren für ihn ohnehin identisch. Sein neuer ‚Gott' ist ein Gott jenseits von Gut und Böse. Das Symbol des Tanzes steht bei Nietzsche für die wiederzugewinnende Leichtigkeit des Daseins und richtet sich gegen den Geist der Schwere. Das Ja des kommenden Menschen solle das Dasein ohne Wenn und Aber bejahen, aber nicht gleichgültig, hinnehmend, sondern heroisch und leicht zugleich: ohne Abzug und in dem Bewusstsein, dass das Leben ein Leben „ohne ein Finale"[26] ist. Es geht, wie es kommt, aus dem Nichts und in das Nichts, und als solches Leben soll es unbedingt bejaht werden. Für Nietzsche gibt es keine Heilsgeschichte mehr, auch keine Ge-

---

[25] F. Nietzsche, Also sprach Zarathustra (= KSA; 4), 49.
[26] F. Nietzsche, Nachgelassene Fragmente Sommer 1986 – Herbst 1887 (= KSA; 12), 213.

rechtigkeit. Spielerisch soll der Mensch durch das Leben gehen und nicht mehr an ihm leiden. Versuchung und Gefährlichkeit machen das Leben erst interessant, erlauben den Tanz auf dem Eis. „Glattes Eis / Ein Paradeis / für den, der gut zu tanzen weiß"[27], so Nietzsche. Das Leben selbst wird zum ‚Gott'. In der zweiten Hälfte des 20. Jahrhunderts waren es die nichttheistischen Religiositäten, die zunehmend zu faszinieren begannen. Indien wird zum Sehnsuchtsort.[28] Zunächst in den intellektuellen Eliten, und dies bereits im 19. Jahrhundert, dann in die Breite hinein in der zweiten Hälfte des 20. Jahrhunderts. Transzendentale Erfahrung und Bewusstseinserweiterung, was immer darunter zu verstehen ist, werden zum neoreligiösen Hype. Nur der personale Gott gerät immer mehr ins kulturelle Hintertreffen, verliert seine bewusstseinsbestimmende Präsenz. Zum Thema wird er nochmals, wenn sensibel auf das beschädigte, von Elend traumatisierte Leben geschaut wird. Dann feiert er seine Auferstehung, aber: als der Gott, den man nicht mehr glauben kann. Den man zwar ersehnt, aber der nicht ersehnt werden darf, weil er sich längst demontiert hat. Das Erschrecken vor dem Nichts, das die eigentliche ‚Zukunft' des Menschen darstellt, breitet sich aus.

---

[27] F. Nietzsche, Die Fröhliche Wissenschaft (= KSA; 3), 356.
[28] Vgl. hierzu V. Zotz, Auf den glückseligen Inseln. Buddhismus in der deutschen Kultur, Berlin 2000.

Alternativen der Selbstverständigung

Sich über sich selbst zu verständigen, bedeutet unter den Bedingungen entsicherter Existenz, sich selbst entscheiden zu müssen. Unter entsicherter Existenz begreife ich das, was bereits im 20. Jahrhundert als „transzendentale Obdachlosigkeit" (G. Lukács) gefasst wurde. Unter einem Sternenzelt leben zu können, über dem ein gütiger Vater wohnt, ist als Gewissheit dahin. Nicht dass kein Gott – und ich meine damit immer den freien, allmächtigen Gott – existieren kann. Aber Gewissheit ist, bezogen auf diesen Gott, nicht mehr zu gewinnen. Und selbstverständlich weiß ich auch, dass niemand seine Religiosität einfach wählt. Biografische und regionale Prägungen spielen hier bis heute eine entscheidende Rolle. Religionsästhetisches Erleben und damit verbundene Prägungen lassen sich nicht wegrationalisieren. Wer in einer protestantischen Kirche groß geworden ist, wird distanziert bleiben gegenüber katholischer Ästhetik. Und wer in einem barock-katholischen Kirchenraum seine Kindheit verbracht hat, dem wird unwohl sein angesichts der Kargheit eines calvinistischen Kirchenraums. Aber über diese Fremdheitsgefühle hinweg hat sich eine neue Ökumene eingestellt. Dass man sich in der eigenen religiösen Vorstellungswelt täuschen könnte, ahnen die allermeisten Zeitgenossen zumindest hierzulande. Ausnahmen bestätigen die Regel. Selbst so heterogene Gruppierungen wie die Piusbruderschaft und evangelikale Christen bestätigen dies noch einmal. Entsicherung provoziert als Gegenreaktion Gewissheitsattitüden, die als solche nicht einmal gewusst sein müssen. Man kann diese Attitüden auch mit dem Begriff Fundamentalismus umschreiben.[29]

---

[29] Vgl. zur Diskussion um den Begriff der Moderne und zum Fundamentalismusphänomen als einem Modernephänomen W. Eßbach, Gegenwart, Epo-

Aber nicht religiöse Überzeugungen plausibilisierende Bedingungen sind mein Thema; beziehungsweise sie sind nur insofern mein Thema, als sie als Kriterienfrage bei Menschen auftauchen, die die Differenz zwischen wahr und falsch noch nicht verabschiedet haben. Dabei wird vorausgesetzt, dass es nicht die Möglichkeit gibt, einen nicht mehr subjektiven Standpunkt zu beziehen, der dann Wahrheit absolut verlässlich, also objektiv verbürgt. Was als wahr gelten soll, ist das, was der Mensch in seiner Instanz als wahr sein sollend postuliert. Damit wird das Selbstverständnis des Menschen zu der Instanz, in der zugleich die Kriterien für Unterscheidungen auf dem Religionsmarkt bereitgestellt werden.

Dies war schon immer so. Israel hat sich in seinem Religionsumfeld eben deshalb den Exodusgott geboren, weil man von einem Land mit Milch und Honig träumte und die Gerechtigkeitssehnsucht nicht aufgeben wollte. Selbstverständlich haben hier Projektionsvorgänge stattgefunden. Aber diese müssen ja nicht zwangsläufig ins Leere gehen. An dieser Projektionsstruktur religiöser Vorstellungen hat sich nichts geändert. Nur dass sie – zumindest bei den Verunsicherten – als solche gewusst sind. Deshalb müssen sie aber noch nicht kriterienlos verlaufen.

Nur weil man es mit *dem* Gott nicht mehr aushält, der keinerlei Skrupel zu haben scheint, unzählige Menschen grauenhaften Höllenstrafen auszusetzen, dem Augustinus-Gott, muss sich der Mensch ja noch nicht in eine Welt hineinwünschen, in der alles erlaubt ist. Und auch muss man ja nicht den Tanz um das goldene Kalb der auf Wellness bedachten Religiositäten tan-

---

che, Felder und Legitimität. Modi moderner und postmoderner Anschauungen, in: M. Striet (Hg.), „Nicht außerhalb der Welt". Theologie und Soziologie (= Katholizismus im Umbruch; 1), Freiburg 2014, 33–60.

zen. Wie die Alternativen verlaufen, lässt sich bis heute an der
Polarität studieren, die Nietzsche und Kant bilden. Nietzsche
hat immer wieder aufs Heftigste gegen Immanuel Kant polemi-
siert. Der Königsberger Philosoph wolle doch nur auf neuen
Schleichwegen zu den alten christlichen Idealen führen.[30] Dies
stimmte einerseits, andererseits aber auch nicht. Zu Augustinus
hat Kant nicht zurückführen wollen. Auch wenn es Theologen
gibt, die meinen, dessen Lehrstück vom „radikal Bösen"[31] so interpretieren zu dürfen. Ob die begriffliche Fassung dieses Lehr-
stücks das stärkste ist, was Kant geliefert hat, darüber wird man
sich streiten dürfen. Aber ich traue Kant zu, keinen Rückfall erlitten zu haben in ein anachronistisches, letztlich die geschichtlichen Individuen entlastendes Denken. Denn wenn jeder immer bereits als Sünder in die Welt kommt, so ist auch jeder
immer bereits entlastet in der Frage seiner persönlichen Verantwortung.

Eben dies hat Kant aber nicht gemeint. Kant ist schlicht Realist oder aber auch Empiriker. Die Erfahrung hatte ich bereits erinnert. Dass der Mensch in der Bestimmung seines Willens nicht
„Herr im eigenen Haus" (Sigmund Freud) ist, er immer wieder
sich selbst darin beobachtet, dass er das Gegenteil von dem tut,
was ihm geboten scheint, hat Kant damit zu erklären versucht,
dass – faktisch! – ein jeder Mensch im Beginn seiner Freiheitsgeschichte die Ausnahme von der Regel erlaubt hat. Wie bewusst
dies geschieht, muss nicht interessieren. Und auch ist der biogra-
phische Punkt nicht präzise bestimmbar. Dass diese Ausnahme-
erlaubnis sich habitualisiert, hat selbst eine Geschichte. Vor allem

---

[30] Vgl. F. Nietzsche, Der Antichrist (= KSA; 6), 176.
[31] Vgl. I. Kant, Die Religion innerhalb der Grenzen der bloßen Vernunft
(= WA; VIII), B 27. Kant betont ebd. B 25 mit Nachdruck: „Nun ist aber
nichts sittlich- (d.i. zurechnungsfähig-) böse, als was unsere eigene Tat ist."

aber läuft diese Habitualisierung bei Kant nicht auf einen Determinismus des Willens hinaus wie bei Augustinus. Es bedarf für Kant nicht einer den menschlichen Willen umkrempelnden Gnade wie für jenen, und es darf ihrer auch nicht bedürfen. Denn dann wäre die menschliche Freiheit dahin. So bleibt der Mensch bei ihm ein ambivalentes Phänomen. Aber er wird auch nicht zur Marionette einer bösen Verkehrung.

Und Gott? Zu Gott wollte Kant führen, ja, das hat Nietzsche präzise gesehen, aber: Gott steht bei Kant nicht mehr am Anfang vernünftiger Selbstverständigung, sondern ist deren Konsequenz. Mit einem klerikalen Obrigkeitsglauben hatte Kant nichts zu tun, und die seichten Religiositäten der Gegenwart wären ihm vermutlich zuwider gewesen. Die Freiheit war ihm das Höchste, und in eins mit ihr die Moral. Denn eine Freiheit ohne die Möglichkeit moralischer Selbstbestimmung verdient diesen Namen nicht.

Dabei meint bei ihm Moral freilich nicht ein System von Vorschriften. Kant ging es um Autonomie, um das, was, modern gesprochen, unter dem Begriff der individuellen Selbstbestimmung verhandelt wird. Und diese hatte für Kant nichts mit einem *anything goes* zu tun. Autonomie und individuelle Selbstbestimmung sind für ihn vielmehr strikt an die Pflicht gebunden, sich so zu bestimmen, dass die Weise der Selbstbestimmung verallgemeinerbar wird. Nur das darf gelebt werden, was die Freiheitsrechte anderer Menschen nicht berührt.

Gleichwohl, ja gerade deshalb musste Kant sich aus jedem Vorschriftenrigorismus lösen. Nicht um Gesetzeskonformität ging es ihm, sondern um innere Übereinstimmung – sprich: um Moralität. Kant wollte die Möglichkeit denken, unter der Menschen überhaupt moralisch sein können. Seine entscheidende Einsicht lautete: Moralisch bin ich dann, wenn ich mir eine Regel vorsetze, an die ich mich aus innerer Übereinstimmung halte. Moralität gibt es deshalb nur in der Form der Autonomie, der inneren Selbstgesetzgebung. Und: Moralische Selbstbestimmung geschieht ausschließlich um ihrer selbst willen, und nicht weil ein Gott etwas befiehlt. Denn nur auf einen Imperativ zu reagieren, mag zwar in die Legalität führen. Gesetzeskonformität aber kann menschenverachtend sein. Deshalb kann es Moralität nur geben, wenn ich, wie Hannah Arendt es im Anschluss an Kant formuliert hat, in „Einsamkeit" Zwiesprache mit mir selbst halte[32] und mich dazu bestimme, so und nicht anders handeln zu wollen. Ethische Achtsamkeit hängt dann davon ab, ob ich mich moralisch zu ihr bestimme oder nicht, achtsam sein will. Erst dann kann auch von Autonomie die Rede sein. Nochmals anders formuliert: Von Autonomie ist dann zu sprechen, wenn ich mich dazu bestimme, deshalb nicht anders als moralisch achtsam gegenüber einem jeden anderen Menschen sein zu wollen, weil ich eben hierin meine Entsprechung suche.

Aber man soll sich auch nichts vormachen, darauf heben Moralitätsdenker wie Kant und Arendt ab: Auch wer meint, den Imperativen anderer folgen zu müssen, entscheidet selbst. Es mag sein, dass Menschen davon überzeugt sind, ihre Bestimmung darin zu haben, Vorgehaltenem zu folgen. Sei es die Gesellschaft, die so fordert, sei es der Glaube an einen Gott. Am Ende ist es die Verweigerung, moralisch sein zu wollen. „Kein Mensch", so hat Arendt drastisch formuliert, „hat bei Kant das Recht zu gehorchen."[33] Arendt hat nicht nur Kant präzise be-

---

[32] Vgl. H. Arendt, Über das Böse. Eine Vorlesung zu Fragen der Ethik. Aus dem Nachlaß hg. v. J. Kohn. Aus dem Englischen von U. Ludz. Nachwort F. Augstein, München/Zürich 2007, 85: „Was das Selbst als letztes Maß moralischen Verhaltens betrifft, so ist es natürlich nur in Einsamkeit gegeben."
[33] H. Arendt/J. Fest, Eichmann war von empörender Dummheit. Gespräche und Briefe. Hg. v. U. Ludz und Th. Wild, München 2011, 44.

griffen, sondern – vorausgesetzt, Moralität soll überhaupt sein können – grundsätzlich Recht. Es gibt keine Moralität ohne innere Übereinstimmung, und das heißt: ohne freie Selbstbestimmung.

Kant – ein Gotteszermalmer?

Und der Gottesgedanke ist damit noch lange nicht obsolet. Denn solange ich unbedingt von der Würde des Menschen denke, verbietet es sich auch, sich mit dem Leben abzufinden, wie es ist. Gerechtigkeit soll sein, möglichst für alle – ja selbst für die Toten. Die unzähligen Gedemütigten und Gemordeten der Geschichte sollen nochmals Gerechtigkeit erfahren. Deshalb ist darauf zu hoffen, dass es einen Gott gibt, der solche Gerechtigkeit ermöglicht. Kant konnte in dieser Logik folgern, es sei „moralisch notwendig, das Dasein Gott anzunehmen"[34]. Dass damit Gott nicht bewiesen ist, die Gottessehnsucht keine Existenzgarantie einschließt, blieb für Kant allerdings als Einsicht stehen. Man kann glauben, weiß sich aus einem subjektiven Vernunftbedürfnis dazu aufgefordert, solange es einem nicht gleichgültig ist, wie unbarmherzig Natur und Geschichte mit dem Menschen umgehen. Ob es dem Menschen möglich ist zu glauben, steht auf einem anderen Blatt.

Kant ist der Vorwurf gemacht worden, er sei der „Alleszermalmer"[35]. Sein vielleicht schärfster Kritiker, Nietzsche, hat jedoch genau gesehen, dass Kant den Menschen gerade nicht aus

---

[34] I. Kant, Kritik der praktischen Vernunft (= WA; VII), A 225.
[35] M. Mendelssohn, Morgenstunden oder Vorlesungen über das Dasein Gottes. Vorbericht, in: ders., Schriften über Religion und Aufklärung. Hg. und eingeleitet v. M. Thom, Darmstadt 1989, 469.

der religiösen Frage entlässt. Nicht wissend, ob Gott existiert, hat Kant es zur moralischen Pflicht des Menschen erklärt, darauf zu hoffen. Es ist ein anspruchsvoller Begriff von Religion, den Kant denkt. Zugleich enthält er eine deutliche Kritik an einer das Diesseits verklärenden Spiritualität. Verklärt diese nur noch das Leben, nimmt sie das Leiden an den Abgründigkeiten der Menschheitsgeschichte nicht auf, so unterläuft sie das, was dem Menschen möglich ist, nämlich achtsam zu sein für das beschädigte Leben. Nicht um mystische Einigung mit dem, was ist, ging es Kant; hier kommt Gott nicht vor, präziser: Gott ist hier das abstrakte Allgemeine. Und gerade deshalb ist Kant so aktuell. Dieser scharfe Autonomieverfechter wäre zugleich ein scharfer Kritiker einer jeden Harmlosigkeitsreligion, in der Gott letztlich gar nicht vorkommt. Gott spielt hier überhaupt keine Rolle, weder in seiner krankmachenden augustinischen Variante noch in der eines eifernden Amos. Weder leidet man noch an einem Gottesbild, das einmal krank machte, noch ist die Erinnerung an die biblische Rede vom Zorn des Gottes präsent, der – man lese nur das Prophetenbuch Amos – wütend ist über menschliche Ungerechtigkeit, Engstirnigkeit und Gnadenlosigkeit. Harmlosigkeit ist der Tabernakel, aus dem sich viele der Spiritualitäten der Gegenwart speisen. Während die einen sich aufs Private, in das spirituell wärmende Eckchen hinterm Ofen oder auf ihren Kirchensprengel vor Ort zurückziehen, ergehen sich andere in einer völlig inhaltsfreien, wahrhaft entweltlichten Rombegeisterung. Und ob die wirklich vorüber ist, die Formulierung ist älter – allerdings konnte ich mich anno 2014 noch nicht entscheiden, sie ersatzlos zu streichen –, wird man sehen.

Dabei hatten schon die biblischen Texte ein sicheres Gespür dafür entwickelt, dass sich das menschliche Leben komplexer darstellt, als eine weltverdüsternde, vereinfachende Sündentheologie zuzugeben vermag. Das Leben ist von Uneindeutigkeiten, von unzähligen Nöten bestimmt. Biblisch wusste man dies, ohne den abgründigen Hang des Menschen zur Bosheit zu verharmlosen. Dennoch sind die realen Verhältnisse häufig komplexer. „Denn du hast dein Gesicht vor uns verborgen und uns preisgegeben in die Gewalt der Sünde", heißt es bei Jesaja (64,6).[36] Der Vers zeigt, dass schon die Propheten ein Nachdenken darüber kennen, dass die Erfahrung des Vermissens Gottes, aber auch des Mangels an realen Lebenschancen das Vertrauen in Gott radikal erschüttern kann. Das Leben steht immer schon unter dem Verdikt des Todes, und der Mensch weiß darum. Von der Furcht vor dem Tod begleitet, um Lebensressourcen ringend und dann auch noch sehnsuchtsvoll auf ein wenig Anerkennung aus zu sein: Aus dieser Perspektive heraus lässt sich durchaus verstehen, warum der Mensch immer wieder der Dynamik eskalierender Selbstbehauptung verfällt. Und von der Sicherung des eigenen Lebens zu der irren Annahme, man könne sich unsterblich machen, indem man die Geschichte umwälzt, ist es nur ein kurzer Weg. Wer Gott als den glaubt, dem sich diese Welt verdankt, ihn als den glaubt, der der Geschichte mächtig ist, der also eingreifen könnte in seiner Allmacht, wird ihn auch mit den Realitäten dieser Welt belasten müssen.

---

[36] W. Groß hat bezogen auf Deuterojesaja herausgearbeitet, wie hier die Konsequenzen gezogen werden, wenn Jahwe als „der alleinige und unumschränkte Herr" bekannt wird: Er trägt dann „die Verantwortung für die Wirklichkeit unter allen ihren Aspekten", er hat dann „auch die Finsternis und auch das Unheil" geschaffen. Gleichzeitig wolle er keinen „Willkürgott" zeichnen. Ders., Das Negative in Schöpfung und Geschichte: YHWH hat auch Finsternis und Unheil geschaffen (Jes 45,7), in: ders., Studien zur Priesterschrift und zu alttestamentlichen Gottesbildern (– Stuttgarter Biblische Aufsatzbände; 30), Stuttgart 1999, 145–158. In der Tat läuft das eine ja auch nicht notwendig auf das andere hinaus.

Es war wiederum Augustinus, der dieser biblischen Sensibilität für die Abgründigkeit des Lebens und damit des schmerzlichen Gottvermissens ein verhängnisvolles Ende bereitet hat. Gott durfte um keinen Preis mit den Negativitäten der Welt belastet werden. Aber in seiner Logik musste er dies auch nicht. Für ihn war es der Mensch, der einzig und allein für diese verantwortlich ist. Durch die Ursprungssünde sei die ehemals gute Schöpfung in ihr Gegenteil verzeichnet worden. Es ist immer nur der gegen Gott sich wendende Wille des Menschen, der sich als eine Lust am Bösen äußert und der „Mühsal und Schmerz ... für die Kinder Adams"[37] gebracht hat. Aber weder kann noch einleuchten, wie die gesamte Menschheit in der Tat Adams in einer schuldhaften Weise sündig geworden sein soll, so dass selbst Kinder, die noch nicht zu Bewusstsein gekommen sind, zu den Sündern zu rechnen wären. Soll Sünde schuldhaft sein, so muss persönliche Verantwortlichkeit vorausgesetzt werden. Diese aber ist an die Aktualität von Freiheit gebunden. Noch ist unter gegenwärtigen Denkbedingungen und d. h. im Paradigma evolutionstheoretischen Wissens die Vorstellung eines guten Urzustandes zu vermitteln. Die biblischen Schriften sind vielleicht auch nur intuitiv realistischer; jedenfalls kennen sie keine Erbsündentheorie in der Variante eines Augustinus.[38] Sie kennen eine zum Himmel schreiende Ungerechtigkeit, Schuld, die ihnen immer auch als Sünde vor Gott gilt, und sie kennen ein Vermissen Gottes. Zum verhängnisvollen Erbe Augustins gehört auch, dass er dieses Vermissen Gottes stillgestellt hat, Gott nur noch als der ins Spiel gebracht wird, der sich zu-

---

[37] Augustinus, Confessiones I, 53.
[38] Vgl. exemplarisch E. Zenger, Zum biblischen Hintergrund der christlichen Erbsündenlehre, in: S. Wiedenhofer (Hg.), Erbsünde – was ist das?, Regensburg 1999, 9–34.

mindest einigen Erwählten trotz deren Sünde als gnädig erweisen werde. Als sich dann aber der Mensch dagegen empörte, nur Sünder sein zu sollen, die Frage nach der Präsenz Gottes immer dringlicher wurde angesichts der Katastrophen des Weltverlaufs, schlug erneut die Stunde Hiobs. Nur dass sich die Hiobs seit dem 19. Jahrhundert nicht mehr beruhigen wollten, sie sich gegen Gott wandten – und ihn schließlich für tot erklärten.

Ernst Blochs Erinnerung an den biblischen Hiob

Der große Denker einer besseren Zukunft im 20. Jahrhundert, eines Noch-nicht einer gerechteren Gesellschaft, in der der Mensch Heimat finden könnte, Ernst Bloch, hat an den biblischen Hiob erinnert. Für ihn bleibt dieser eine ambivalente Figur. Der Mensch erlernt für ihn die Empörung, auch die Utopie, aber: er bleibt in seiner Empörung noch auf halbem Wege stecken.

Ein Nietzscheaner, welcher die Selbsterhebung des Menschen jenseits von Gut und Böse als die große Befreiung aus dem religiösen Zeitalter propagiert, war Bloch nicht. Wenn er schreibt, im Buch Hiob beginne „die ungeheure Umwertung der Werte, die Entdeckung des utopischen Könnens innerhalb der religiösen Sphäre", so zeigt sich vielmehr das Gegenteil. Der Mensch entdeckt in dieser Sphäre vielmehr sein eigenes ethisches Potenzial, und dies zum Nachteil Gottes: „Ein Mensch kann besser sein, sich besser verhalten als Gott."[39] Der Mensch deutet sich bereits im Buch Hiob an als derjenige, der der säkularisierte

---

[39] E. Bloch, Atheismus im Christentum. Zur Religion des Exodus und des Reiches (= Werkausgabe; 14), Frankfurt 1985, 150.

Gott sein kann – diesen aus sich machen kann, wenn er sich ethisch verpflichtet. Und Gott?

Bloch ist schonungslos Gott gegenüber. Jede Theodizee sei „seitdem, an Hiobs harten Fragen gemessen, eine Unredlichkeit." Denn: „wirkliche Allmacht und Güte würden nicht gleichgültig werden und ermüden. Nicht dem Sünder gegenüber", und erst recht nicht „dem Gerechten gegenüber."[40] Dies bleibt auch dann noch bestehen, wenn der Mensch sich nicht selbst ethisch perfektioniert. Es bleibe, so Bloch, „die Logik des Buchs Hiob", dass hier ein Mensch seinen Gott „überholt, ja überleuchtet". Ein Gott, „der es verdiente, so zu heißen", habe „nicht zu strafen, sondern zu erretten".[41] Dies ist Kant, und zwar ein radikalisierter Kant. Der Maßstab, nach dem geurteilt wird, ist menschenautonom. Kein anderer als der Mensch ist es, der am Ende als die Instanz dienen muss, in der entschieden wird. Damit muss auch in dieser Instanz entschieden werden, was akzeptabel ist und was nicht. Und wenn es um Fragen der Moralität geht, so ist Unbedingtheit geboten. Bloch zieht daraus die Konsequenz, und darin geht er über Kant hinaus. Gott hat sich erledigt, weil er nicht errettet hat. Der Mensch wird Gott müde, weil Gott sich als müde zeigt. Wer dies bestreitet, bekommt es unangenehm mit den harten Fakten der Empirie zu tun. Stellen diese nicht tatsächlich, wie von Bloch beansprucht, die moralische Integrität Gottes in Frage?

---

[40] Ebd., 163.
[41] Ebd., 152.

Ein moderner Hiob: Philip Roths Bucky Cantor

Konsequent hat der amerikanische Schriftsteller Philip Roth diese Fragen in seinem Roman *Nemesis* aufgegriffen.[42] Wenn ich mich Roth zuwende, so geschieht dies mehr oder weniger zufällig. Geht es in der Literatur der Gegenwart um die Gottesfrage, betreibt sie keine Modernitätskritik durch Eigentlichkeitsgeraune, so ist es die Hiobfrage, die den Takt angibt.

So auch bei Roth in *Nemesis*. Die Hauptfigur Bucky Cantor ist ein moderner Hiob. Er ist kein Intellektueller, sondern ein Sportlehrer, der sich auf einem Sportplatz von Newark im Bundesstaat New Jersey um Kinder und Jugendliche kümmert. Es ist das Jahr 1944, der Zweite Weltkrieg tobt. Bucky Cantor ist wegen eines Augenleidens nicht zur Armee eingezogen worden. Er ist engagiert und sensibel für die Bedürfnisse der ihm anvertrauten Kinder – ein unauffälliger, verantwortungsvoller Mensch. Dann bricht in der Stadt die Polio aus, die Kinderlähmung. In den vierziger Jahren war diese Krankheit noch nicht vorbeugend beherrschbar. Immer mehr Kinder werden angesteckt, müssen zur künstlichen Beatmung an die Eiserne Lunge angeschlossen werden, oder aber sie sterben. Wer überlebt, ist zeit seines Lebens verkrüppelt.

Seine Freundin Marcia bedrängt ihn, in das Sommercamp in den Bergen zu kommen, in dem sie arbeitet – weit weg von der Seuche. Bucky zieht schließlich zu ihr. Lange hatte er sich geweigert. Er wollte die Stadt, seine Kinder in dieser verzweifelten Situation nicht allein lassen. Auch in den Bergen bricht die Polio aus, und schlimmer noch für Bucky: Der Verdacht bestätigt sich, dass er die Krankheit eingeschleppt hat. Zwar überlebt er,

---

[42] Ph. Roth, Nemesis. Aus dem Amerikanischen von D. van Gunsteren, München 2011.

bleibt aber verkrüppelt zurück. Was ihn jedoch mehr quält als seine körperliche Verkrüppelung, ist seine seelische, das Empfinden einer tiefen Schuld: die Kinder in Newark verraten zu haben, nicht bei ihnen ausgeharrt und darüber hinaus auch noch andere angesteckt zu haben.

Die Geschichte, die Roth erzählt, ist schwer auszuhalten: Sie handelt von Schuld, mehr noch aber von der bedrängenden Frage, wen die Schuld letztlich trifft. Den Menschen? Marcia, seine treu zu ihm stehende Freundin, versucht ihn zu trösten, ihn zumindest von seiner Scham wegen seines Schuldempfindens zu erlösen. „Bucky, so warst du schon immer: Du konntest die Dinge noch nie mit dem richtigen Abstand betrachten – nie! Immer hältst du dich für verantwortlich, auch wenn du es nicht bist. Entweder der schreckliche Gott ist verantwortlich, oder der schreckliche Bucky Cantor ist verantwortlich – in Wirklichkeit liegt die Verantwortung aber bei keinem von ihnen." Und dann fügt sie hinzu: „Deine Haltung gegenüber Gott ist kindisch, einfach albern."[43]

Marcia will Bucky in seinem Schuldempfinden entlasten. Er verantworte die Seuche doch nicht, dürfe sich nicht schuldig fühlen für das Leiden so vieler Unschuldiger. Und Gott? Nein, lieber bezichtigt sie Bucky, kindisch zu sein, als Gott anzugehen. Gott ist Gott und damit gut. Bucky aber, ein hartgesottener Hiob, steht zu seinem Gott und hält Marcia entgegen: „Hör zu, dein Gott gefällt mir nicht, also bring ihn nicht ins Spiel. Er ist zu gemein für meinen Geschmack. Er verbringt zu viel Zeit damit, Kinder zu töten."[44] Ein harscher Vorwurf. Aber macht Bucky nicht nur radikal ernst mit dem Glauben an den Gott, der Schöpfer des Himmels und der Erde ist? Dann aber

[43] Ebd., 203.
[44] Ebd.

auch der „Schöpfer des Himmels und aller Verderbnis", wie der Lyriker Ernst Jandl einmal gedichtet hat?[45] Marcia, die Bucky liebt, ist verzweifelt darüber, wie er sich immer tiefer in die Empörung gegen Gott hineinsteigert. Sie greift zu einem letzten Argument, das eine lange Tradition hat. Es sei „Unsinn", Gott vorzuwerfen, Kinder zu töten. Dass Bucky Polio habe, gebe ihm „nicht das Recht, lächerliche Dinge zu sagen". Denn: „Du hast keine Ahnung, was Gott ist! Niemand hat eine Ahnung!"[46]

Marcia greift zur Theologenstrategie der *reductio in mysterium*.[47] Angesichts der Unverstehbarkeit, warum Menschen leiden, angesichts des Protestes, den dieses unverständliche Leiden gegen Gott auslöst, wird nun Gott selbst der Verstehbarkeit ins Geheimnisvolle entzogen. Er wird zu einem großen Mysterium erhoben. Wenn Gott ein so unendlich großes Geheimnis ist, dass er sich jeglichem menschlichen Verstehen entzieht, dann erledigt sich auch die Frage, warum Menschen leiden. Damit erledigt sich aber auch der Glaube an einen Gott, der ein Gott für die Menschen sein will.

Wer glaubt, setzt etwas – schweigt sich in keine Leere hinein, die gleichzeitig Fülle sein soll. Und die biblische Theologie kennt keinen Gott, von dem man nur sagen kann, dass nichts über ihn auszusagen ist. Bucky aber bleibt standhaft, er will verstehen. Er würde gerne glauben, Gott vertrauen. Aber ein solches Vertrauen setzt ein Mindestmaß an Verstehbarkeit voraus. Die Geschichte wird aus der Perspektive von Arnie erzählt, der ebenfalls durch die Polio gezeichnet ist. „Glauben Sie immer noch an den Gott, den Sie schmähen?", fragt Arnie Bucky. „An

---

[45] E. Jandl, ich klebe, in: ders., Letzte Gedichte. Hg. v. K. Siblewski, München 2001, 65

[46] Ph. Roth, Nemesis, 203.

[47] A. Kreiner, Gott im Leid. Zur Stichhaltigkeit der Theodizee-Argumente (= QD; 168), Freiburg 1997, 67f.

Gott, den großen Verbrecher", ist „es das, woran Sie glauben?"
„Ja. Irgendjemand muss das alles ja gemacht haben", entgegnet
Bucky. Er will einen letzten Grund, einen Letztverantwortlichen
für das, was geschieht, um nicht allein zu bleiben mit dem ihn
belastenden Schuldempfinden, andere angesteckt zu haben.
„Meinte er vielleicht", sinniert Arnie, „das Ganze sei ein theologisches Rätsel?" Wenn überhaupt, so Arnie, das Ganze von einem Gott erschaffen sei, dann nur von einer feindlichen Gottheit. „Nur eine feindliche Gottheit konnte eine Krankheit wie
Kinderlähmung schaffen ... Nur eine feindliche Gottheit konnte
den Zweiten Weltkrieg erschaffen."[48] Und Arnie weiter: „Für
mich als Atheisten war ein solcher Gott nicht lächerlicher als
die Götter, an die Milliarden anderer Menschen glaubten, und
was Buckys Auflehnung gegen ihn betraf, so fand ich sie absurd,
einfach weil dazu gar keine Notwendigkeit bestand. Er konnte
nicht akzeptieren, dass die Polioepidemie ... eine Tragödie war.
Die Tragödie muss in Schuld verwandelt werden. Es muss eine
Notwendigkeit geben für das, was geschieht. Er muss fragen:
Warum? Warum? Dass das Ganze sinnlos, zufällig, absurd und
tragisch ist, stellt ihn nicht zufrieden. Auch nicht, dass die Ur-
sache ein sich stark ausbreitendes Virus ist. Er forscht verzweifelt nach einem tieferen Grund, dieser Märtyrer, die Suche nach
einem Warum wird zur Manie, und er findet es entweder bei
Gott oder in sich selbst oder – mysteriös und mystisch – in der
schrecklichen Vereinigung dieser beiden zu einem einzigen Zer-
störer. So sehr ich auch angesichts der Vielzahl der Schicksals-
schläge, die über ihn hereingebrochen sind, mit ihm sympathi-
siere, muss ich doch sagen, dass das nichts als dumme Hybris
ist – nicht die Hybris des Wollens oder Verlangens, sondern die
Hybris eines phantastischen, kindischen Gottesbegriffs. Wir ha-

---

[48] Ph. Roth, Nemesis, 206f.

ben das alles schon einmal gehört und wollen es nicht mehr hören, selbst wenn es von einem durch und durch anständigen
Menschen wie Bucky Cantor kommt."[49]

Arnie identifiziert genau Buckys Problem. Der Mensch soll
nicht nur eine „nutzlose Passion" – so Jean-Paul Sartre[50] – in
einer absurden, weil ziellosen Welt sein. Er soll nicht nur das
unglücklichste Ergebnis einer Evolution sein – unglücklich,
weil er über die Fähigkeit verfügt, sich zu der Welt in eine Dis-
tanz zu setzen, und deshalb an ihr leidet, und sich nicht damit
abfinden mag, dass gelitten wird. Bucky will einen Grund. Einer
muss schuld sein. Arnie hingegen weigert sich, die Frage, ob ein
Gott dies alles gewollt oder doch zumindest zugelassen hat,
überhaupt noch zu stellen. Wir haben das eben alles schon einmal gehört und wollen es nicht mehr hören. Hiob hatte es gehört, sich aber noch gebeugt. Bucky beugt sich nicht mehr.
Wenn schon kein Weg am Leiden vorbeiführt, so will er sich zumindest nicht mehr an der quälenden Frage nach dem Warum
aufreiben. Gott ist tot, die Geschichte des Fragens nach ihm soll
an ihr Ende kommen. Es gilt, sich damit abzufinden. Der
Mensch kommt und geht; er war lange genug in der Gottes-
schleife, hat lange genug gehofft. Diese Moderne wollte sich
nicht gegen Gott empören. Er ist ihr abhandengekommen. Das
Sehnsuchtswort hat sich abgenutzt, sich abgeschliffen an den
Wirklichkeiten.

---

[49] Ebd., 207.
[50] J.-P. Sartre, Das Sein und das Nichts. Versuch einer phänomenologischen
Ontologie. Deutsch v. H. Schönberg und T. König (= Gesammelte Werke;
Philosophische Schriften I), Reinbek bei Hamburg 1994, 1052.

Verwandtschaftsverhältnisse. Eine Erinnerung an ‚Die Pest' von Albert Camus

Philip Roths Figur Bucky ähnelt dem Arzt Bernard Rieux in dem Roman *Die Pest* des französischen Schriftstellers und Philosophen Albert Camus. Eine Kleinstadt wird von der Seuche heimgesucht, immer mehr Menschen sterben. Verzweifelt nimmt man den Kampf gegen die Pest auf. Der übersteigt jedoch schnell die Kräfte der Menschen. Man zweifelt. Die ewige Frage nach dem Warum bohrt sich in die Köpfe. Der Jesuitenpater Paneloux versucht es zunächst noch mit den alten Antworten der Theologie: Gott will die Menschen zur Umkehr bewegen, dem Sittenverfall Einhalt gebieten. Die Pest gilt ihm zunächst als Strafe Gottes, als eine pädagogische Maßnahme. Irgendwo zwischen Strafe und erzieherischer Maßnahme müsse der Sinn doch liegen; dass die Pest schlicht sinnlos sein könnte, kommt Paneloux zunächst nicht in den Blick. Doch selbst der Pater sieht schließlich, dass seine Antworten nicht tragen, sondern zynisch sind.

Es kommt zu einem heftigen Disput zwischen dem Pater und dem Arzt Rieux, einem anderen modernen Hiob. Rieux beugt sich nicht mehr wie der biblische Hiob nur deshalb, weil Gott auf die unendliche Differenz zwischen ihm, dem Schöpfer, und seinem Geschöpf hinweist. Denn es ist nicht sein eigenes Leiden, das ihn an Gott verzweifeln lässt, sondern das Leiden eines Kindes. Man hatte ein Serum an einem Kind ausprobiert, in der Hoffnung, es dadurch retten zu können. Aber anstatt es von der Krankheit zu befreien, hatte sich sein Todeskampf nur verlängert.

Auch verzweifeltes Beten hatte nicht geholfen, wieder einmal nicht: „Paneloux schaute diesen von der Krankheit beschmutzten, vom Schrei aller Zeiten erfüllten Kindermund an. Und er ließ sich auf die Knie gleiten, und alle fanden es natürlich, als sie ihn mit etwas erstickter, aber trotz der namenlosen, unaufhörlichen Klage deutlicher Stimme sagen hörten: ‚Mein Gott, rette dieses Kind‘. Aber das Kind schrie weiter, und ringsum wurden die anderen Kranken unruhig … Eine Flut von Schluchzen überschwemmte den Saal und übertönte Paneloux' Gebet, und Rieux, der sich an der Bettstange festhielt, schloss die Augen: Ihm war übel vor Müdigkeit und Ekel … ‚Ich muss fort‘, sagte Rieux. ‚Ich kann es nicht mehr ertragen.‘ Aber plötzlich verstummten die übrigen Kranken. Da merkte der Arzt, dass der Schrei des Kindes schwächer geworden war, dass er immer weiter abnahm und nun aufhörte. Ringsum fing das Klagen wieder an, aber gedämpft und wie ein fernes Echo auf den Kampf, der vollendet war."[51]

Rieux ist am Ende seiner psychischen Kräfte. Er weiß, dass es Verrat wäre, zu gehen. Die Situation nicht mehr aushalten zu können, empfindet er als Schuld. Und Gott? Helfend eingegriffen hat er nicht. Und die Theologen-Strategie, doch noch eine Schuld ausfindig zu machen, welche Gott entlastet, greift nicht mehr. „Ah! Der wenigstens war unschuldig, das wissen Sie wohl!", darauf besteht Rieux angesichts des toten Jungen gegenüber dem Pater. Der Arzt legt den Finger in die Wunde. Die von Augustinus in die Welt gesetzte Strategie, Gott mit dem Hinweis entlasten zu wollen, die Menschheit sei seit Adam insgesamt schuldig, ist abwegig. Rieux lässt sich nicht mehr durch eine Theologen-Tyrannei beschwichtigen, die den Menschen als Sünder abstempelt und das gelebte Leben entwertet. Er besteht darauf, dass es unschuldiges Leiden gibt, das Leiden von Kindern. Er empfindet nur noch Empörung angesichts des Tobens der Pest.

---

[51] A. Camus, Die Pest, Hamburg 1996 (1950), 175.

Und Paneloux? Murmelnd greift er zu dem theologischen Argument, das auch Marcia Bucky gegenüber anwendete: „Ich verstehe … Es ist empörend, weil es unser Maß übersteigt. Aber vielleicht sollen wir lieben, was wir nicht begreifen können." Doch diese immer wieder zu hörende Antwort ist nichts anderes als gedankenlose Prediger-Rhetorik und provoziert nur eine scharfe Gegenantwort: „Rieux richtete sich mit einem Schlag auf. Mit der ganzen Kraft und Leidenschaft, deren er fähig war, schaute er Paneloux an und schüttelte den Kopf. ‚Nein, Pater‘, sagte er. ‚Ich habe eine andere Vorstellung von der Liebe. Und ich werde mich bis in den Tod hinein weigern, die Schöpfung zu lieben, in der Kinder gemartert werden.‘"[52]

Verstehen wollen

Da ist es wieder, das Argument. Freundschaft setzt gegenseitige Verstehbarkeit voraus. Zumindest eine relative Verstehbarkeit muss gegeben sein, damit Vertrauen wachsen und eine Freundschaft auch tragen kann. Verstehen bedeutet nicht, über den anderen verfügen, ihn kartieren zu können. Zwischen Freien kann es immer nur ein annäherndes, vermutendes Verstehen geben. Aber nicht verstehen zu wollen, ist der Anfang des Desinteresses. Der andere wird aufgegeben, interessiert schließlich nicht mehr. So besteht die Kunst der Freundschaft darin, verstehen zu wollen, immer wieder neu anzusetzen, den anderen verstehen zu wollen – und ihn dennoch in seiner Freiheit zu achten.

Was zwischen Menschen gilt, muss auch in der Beziehung zwischen Gott und dem Menschen gelten. Rieux verzweifelt, weil er nicht mehr versteht. Angesichts der Qual von unschuldi-

---

[52] Ebd., 177.

gen Kindern ist für ihn die Grenze erreicht. Er hat eine andere Vorstellung von der Liebe. Gott schweigt, und der Mensch bleibt fassungslos allein zurück. Dies kennzeichnet die Situation der Moderne. Auch die Moderne selbst ist alles andere als ein Unschuldslamm. Sie hat eine ungeheuerliche Spur der Gewalt in die Menschheitsgeschichte eingezeichnet. Es gilt aber auch: Die Moderne ist nach der anfänglichen Euphorie, als der Atheismus noch, wie Herbert Schnädelbach schrieb, als „Denkmal einer Befreiung", „eines Aufatmens, einer Gottlosigkeit im Sinne des ‚Endlich sind wir den Alten los!'"[53] gefeiert wurde, von einer tiefen Melancholie gezeichnet. Mit hektischer Betriebsamkeit wird versucht, dies zu kaschieren. Nicht dass man nicht glauben wollte. Man würde ja gern, aber man kann es nicht. Was sich da einstelle, sei „eine Mischung aus Trauer und Wut, dass das alles nicht wahr ist".[54]

Ob es nicht wahr sein kann – ich betone: kann! –, wird noch zu bedenken sein. Aber eine Geborgenheitsreligion, in der die Hiobfrage ausgespart wird, eine Religion, die nur zur Verschönerung des Lebens dient, bleibt hinter den menschlichen Möglichkeiten zurück. Indem sie die Augen verschließt, verrät sie das Leiden, zumal das Leiden der Unschuldigen. Ihr Preis ist Gedächtnislosigkeit. Die biblische Mystik hingegen wendet sich nicht ab – eine Mystik, welche Gott als Gott will, als Schöpfer und nicht als das immer bereits existierende All-Eine. Denn nur ein solcher Gott kann auch retten. „Person sucht Person"[55],

---

[53] H. Schnädelbach, Der fromme Atheist. Fluch oder Segen für die Theologie, in: M. Striet (Hg.), Wiederkehr des Atheismus, Freiburg 2008, 11–20, 13.

[54] Ebd., 14.

[55] F.W.J. Schelling, Einleitung in die Philosophie der Mythologie, Darmstadt 1957, Bd. 1, 566. Ich kann hier nicht die Diskussion aufnehmen, ob Schelling in gleicher Weise wie hier angezielt das Verhältnis von Gott und Mensch als freiheitliches fasst. Wenn er freilich im Verlauf seines Denkweges immer ent-

heißt es bei Schelling. Ich kann hier nicht in eine Schelling-Exegese einsteigen, deshalb nur so viel: In seiner letzten Schaffensphase war er von der Frage der Abgründigkeit der Geschichte umhergetrieben. Überall Sinn sehen zu müssen, weil doch dieses alles, wie Hegel dachte, nichts anderes als die Selbstwerdung des Absoluten, sprich Gottes sei, verbot sich ihm. Also versuchte er wieder den freien Gott zu denken, den, der etwas anfangen kann, der aber vor allem auch bleibend Herr der Geschichte ist, der somit retten kann.

Gott – doch die Liebe?

Philosophisch kann die Möglichkeit, dass es Gott gibt, nicht ausgeschlossen werden. Aber wenn man diesen Gott setzt, ihn im Glauben als existierend voraussetzt, ihn im Gebet anspricht, bleibt dennoch die Frage, ob er geliebt werden kann angesichts der Tatsache, dass die als seine Schöpfung geglaubte Welt neben aller Schönheit Abgründiges für den Menschen enthält. Der Weg, jedes Unheil auf den Menschen zurückzuführen, sollte aus moralischen Gründen versperrt sein. Von Anfang an gab es Evolution. Alles Lebendige war immer schon dem Wechsel von Kommen und Gehen unterworfen; und auch Gewalt hat diese Evolution immer bereits bestimmt. Wenn Gott deshalb eine Welt wollte, um in ihr ein ihm Ebenbildliches finden zu können, ein freies Wesen, dann war ihm auch bewusst, dass mit dem Auftreten von Freiheit nochmals ein ganz anderes Gewaltpotenzial entstehen würde. In der organischen Welt gibt es das moralisch Böse nicht. Kann man, wenn man so denkt, daran

---

schiedener Gott als „Herr des Seyns" begreift, und zwar als den freien Herrn, so ist in jedem Fall systematisch bei ihm anzuknüpfen.

festhalten, dass Gott Liebe ist? Verrät der Spitzensatz der johanneischen Theologie „Gott ist Liebe" (1 Joh 4,8), der Gottes Wesen und seine Haltung zur Welt umschreiben will, nicht die Leidenden und die modernen gescheiterten Hiobs?

Ob diese Überzeugung johanneischer Theologie, die letztlich die der gesamten Theologie ist, angesichts der Abscheulichkeiten der Wirklichkeit durchzuhalten ist, werden wir noch sehen müssen, wenn es im letzten Teil dieses Buches um den Glauben an die Allmacht Gottes geht. Wenn dies gelingen sollte, so nur, wenn man zugleich schonungslos von den Gnadenlosigkeiten redet, die der geglaubte Gott den Menschen zumutet. Zumindest relativ selbstbestimmt und das heißt, in Freiheit leben zu können, hebt den Menschen aus dem Reich der Natur heraus. Aber was ihn heraushebt, ihm Möglichkeiten verschafft, die so kein anderes Wesen in der belebten Natur hat, wird ihm zugleich zur Not. Es ist nicht mehr allein der rein physische Schmerz, der quält. Den Blick nicht von der Welt zu nehmen, macht unausweichlich melancholisch. Und der, der diese Melancholie zu beruhigen vermöchte, weil er der Inbegriff von Möglichkeit und das heißt: allmächtig ist, der freie Gott, ist zutiefst ungewiss. Von daher wirkt der ungewisse, sich empirisch immer wieder vermissen lassende Gott melancholieverstärkend.[56]

Diese Ungewissheit gehört zu den Zumutungen, welche eine Welt mit sich bringt, die dem Menschen abverlangt, in der Welt ohne Gott leben zu müssen – jedenfalls ohne die Gewissheit Gottes. Aber auch die, die auf Gott setzen, die Gläubigen, dürf-

[56] Vgl. hierzu M. Striet, Melancholie der Selbstwahl. Überlegungen im Anschluss an Michael Theunissen, in: R. Langthaler/M. Hofer (Hg.), Michael Theunissen. Zu religionsphilosophischen und theologischen Themen in seinem Denken (= Wiener Jahrbuch zur Philosophie; XLIII/2011), Wien 2013, 156–172.

ten in der Welt ohne Gott auskommen müssen, wie in der abschließenden Studie zur Allmacht Gottes mit Dietrich Bonhoeffer überlegt werden wird. Wenn es den johanneischen Gott freilich geben sollte, den Gott, der grenzenlose Liebe ist, so verantwortet kein anderer als dieser nicht nur, dass die Welt ihren Gang geht, das organische Leben seine eigenen Gesetzmäßigkeiten kennt und Menschen die Geschichte machen, sondern auch die radikale Fraglichkeit all dessen und seiner selbst. Auch hier liegt ein Problem der Theodizee. Denn den vielen Bucky Cantors, den Rieux dieser Welt, den unzähligen Menschen, die wohl glauben möchten, aber nicht mehr können, wird das Leben schwer. Heimat finden sie keine mehr.

Exkurs: Erschöpfungssymptome der Moderne und Kirchenkrise

Über die Gottlosigkeit moderner Gesellschaft ist schnell geklagt. Diese Klage gehört zur wohlfeilen Kirchenrhetorik. Zumeist verdeckt sich diese Rhetorik unter der Säkularisierungschiffre. Moderne Gesellschaften sind säkularisiert, also gottlos. Und gottlose Gesellschaften leiden unter einem Relativismus der Werte, wie immer wieder zu hören ist. So wird nicht nur die Krise der Gesellschaft, sondern auch die der Kirche als Glaubenskrise beschrieben. Vom grassierenden Säkularismus in der Kirche wird gesprochen, über deren Verweltlichung.

Kein kirchlicher Reformbedarf?

Allerdings könnte es sein, dass die Verhältnisse komplexer sind, als man ahnt. Gott ist in der Krise oder besser: Der Glaube an Gott ist in den westlich orientierten Gesellschaften tatsächlich in die Krise geraten. Und diese Krise ist auch nicht – ich beziehe mich mit diesem Exkurs ausschließlich auf die Kirche in ihrer römisch-katholischen Ausprägung – bereits durch sogenannte Strukturreformen zu bearbeiten, wie Walter Kasper vor wenigen Jahren kritisch angemerkt hat.[57] Wobei Reformen einzuleiten,

---

[57] So hat Walter Kasper bezogen auf das Theologenmemorandum im Jahr 2011 deutliche Kritik angemeldet. Walter Kardinal Kasper, Theologen-Memorandum – Kommen wir zur Sache!, in: Das Memorandum. Die Positionen im Für und Wider. Hg. v. Judith Könemann und Thomas Schüller (Theologie kontrovers), Freiburg 2011, 148–152. Zur Erinnerung: In dem Memorandum wird innerkirchlicher Reformbedarf angemahnt. Allerdings nicht, um das geglaubte Evangelium vom befreienden Gott Jesu an den Zeitgeist anzupassen, sondern um dieses Evangelium auch weiterhin kulturell präsent halten zu

die auf die Einführung partizipativer Grundrechte aller zielen, die am gemeinsamen Priestertum[58] innerhalb der Kirche teilhaben; Reformen einzuleiten, die auf einen offiziell kirchlich anderen Umgang mit Menschen, die in ihrem ursprünglichen Lebensentwurf gescheitert sind, die nun neu anfangen und hierin Anerkennung finden wollen; Veränderungen in der Doktrin herbeizuführen, dass Menschen als ebenbürtig anerkannt werden, die in ihrer sexuellen Orientierung nicht den gesellschaftlich vorherrschenden ,Normalitäts'diskursen entsprechen – solche Reformen anzugehen, ist keineswegs ein Nebenschauplatz kirchlicher Selbstverständigung in der Welt von heute. Der Umgang mit diesen – und anderen in der sozialen Wirklichkeit von Kirche präsenten Dauerthemen, und dies keineswegs auf Europa beschränkt – stellt nichts anderes als das Nadelöhr dar, an dem sich zeigt, ob die römisch-katholische Kirche nach innen

---

können – und dies mit Gründen. Letztlich werden Zweifel daran angemeldet, ob so einige lehramtlich und kirchenrechtlich fixierte Positionen diesem Evangelium überhaupt gemäß sind. Ich will aber gerne zustimmen, dass der Kern der Überlieferungskrise des Glaubens nicht in den angemahnten Punkten liegt. Es gibt tatsächlich – auch wenn Kasper meint, Gott könne nicht in die Krise geraten, sondern nur der Glaube – eine Gotteskrise. Freilich gesteht, wer dies sagt, ein, dass Menschen immer nur in ihren Begriffen von Gott reden können. Sie haben schlicht nichts anderes. Deshalb lautet mein Verdacht, dass ein falscher Begriff vom möglichen Gott den Glauben zu Recht in die Krise getrieben hat.

[58] Vgl. die *Dogmatische Konstitution über die Kirche* („Lumen Gentium") des Zweiten Vatikanischen Konzils, Art. 10. Selbstverständlich weiß ich, dass hier das „hierarchische Priestertum" als „dem Wesen und nicht bloß dem Grade nach" vom gemeinsamen Priestertum unterschieden wird. Interessant wäre freilich, über die historische Leistung des Konzils hinaus, die darin liegt, den Ausgangspunkt des gemeinsamen Getauftseins wiederentdeckt zu haben, danach zu fragen, *wie* sich diese Unterscheidung vollzieht und im Dienst des Evangeliums vom menschenzugewandten Gott vollziehen kann. Ich bin nicht sicher, ob eine qualitativ angemessene Unterscheidung allein durch das Kriterium der Weihe begründet werden kann.

hin grundlegende normative Werte der Neuzeit realisiert. Erst wenn sie durch dieses Nadelöhr geht, zeigt sich, ob die auf dem Zweiten Vatikanischen Konzil (zumindest anfänglich vollzogene[59]) Anerkennung grundlegender Freiheitsrechte, zumal des Rechts auf Gewissensfreiheit, ernst gemeint ist oder nicht. Es geht hier nicht um Nebensächlichkeiten, sondern um die Frage, ob Freiheit in der Lebensgestaltung sein soll oder nicht, und damit um grundlegende Freiheitsrechte, die ihren Geist nicht nur, aber entscheidend auch aus dem Christentum beziehen. Drastisch formuliert: Es geht darum, ob in der Kirche das Grundprinzip des Christlichen, dass Freiheit sein darf und soll, vor Gott und den Menschen, anerkannt wird oder nicht.

Deshalb ist auch die Rede vom Zeitgeist, an den sich die Kirche weder anpassen wolle noch dürfe, völlig fehl am Platz. Die in ‚Kirchen'kreisen seit geraumer Zeit eingeübte Anti-Zeitgeist-Rhetorik ist nichts anderes als Postmoderne im schlechtesten Sinn. Statt sich argumentativ auseinanderzusetzen, Gründe für die eigene Position zu benennen, hermetisiert man sich durch den Rekurs auf ewige Wahrheiten, die sich allerdings bei näherem Hinsehen als sehr zeitbedingt erweisen – dies zumindest sein können. In biblischen Zeiten gab es weder die Frage einer Erlaubtheit oder auch Unerlaubtheit künstlicher Empfängnisverhütung, noch humanwissenschaftliches Wissen über sexuelle Orientierungen. Und auch könnte man historisch gebildet wissen, dass die auf Kleriker bezogene Zölibatsforderung recht jungen Datums ist. Und man könnte wissen, dass in der spät-

---

[59] Zur Ambivalenz, mit der bis heute in der katholischen Tradition das Recht auf Gewissensfreiheit akzeptiert wird, sowie zu der Frage, inwiefern dies auch ein Erbe des Konzils darstellt, vgl. J. Römelt, Das Grundrecht auf Gewissensfreiheit in seiner ethischen Bedeutung. Theologische Überlegungen, in: Theologie und Glaube 50 (2007) 31–41.

antiken Welt Männer aufgrund des Ideals vollkommener Selbstbeherrschung insgesamt – um es vorsichtig zu sagen – latente Schwierigkeiten mit ihrem Sexualdrang hatten. ‚Irgendwie‘ – ein von mir nicht sehr geschätzter Ausdruck, ich benutze ihn nur strategisch, um mich nicht zu sehr behaftbar zu machen – erinnern mich so manche Debatten an ein Bonmot Kants: Aufklärung sei der Ausbruch aus selbstverschuldeter Unmündigkeit – und dass diese Möglichkeit, ausbrechen zu können, nicht einmal geahnt wird oder aber, schlimmer noch, aus einem falschen Traditionsverständnis heraus verweigert wird. Die Selbstblockade einer auf Tradition beharrenden Kirche hat wesentlich mit der Verwechslung von Tradition und Traditionalismus zu tun. Lebendig zu überliefern bedeutet, immer wieder neu danach zu fragen, was substantiell ist und was modifizierbar, möglicherweise auch zu verabschieden ist. Und dies betrifft auch Diskursfiguren wie Naturrecht und *ius divinum*.[60]

Kirchen- und Glaubenskrise

Und dennoch stimmt, dass die erinnerten kirchlichen Dauerbrenner noch lange nicht an die eigentliche Substanz der Gotteskrise heranreichen. Wobei selbstverständlich nicht Gott in der Krise ist, wenn er existiert, sondern der Glaube an ihn. Was bedeutet, geschichtlich gewordene Gotteskonzepte sind in der Krise, wenn die Krisendiagnose zutrifft. Ich möchte die Gründe für diese Krise differenzieren. Zunächst wird (1) bis heute der christliche Gott mit einem freiheitsrepressiven Gott, einem Gott der Vorschriften identifiziert. Ob dieser Gott von

---

[60] K.-W. Merks, Göttliches Recht, menschliches Recht, Menschenrechte. Die Menschlichkeit des Ius divinum, in: Bijdragen 65 (2004) 257–282.

Kirche und Theologie tatsächlich noch gelehrt wird, steht auf einem anderen Blatt. Faktisch wird Gott mit dieser Vorstellung identifiziert. Der geschichtliche Ballast ragt noch weit in die Gegenwart hinein. Dass sich die allermeisten Menschen in ihrem Innenleben nicht mehr von diesem Gott belasten lassen, innerkirchlich nicht und außerkirchlich erst recht nicht, dürfte allerdings auch stimmen. Dies gilt zumindest für modernisierte Gesellschaften, für die Freiheitsrechte grundlegend sind. Wenn dieser Gott in die Kritik gerät, dann ist es die Kirche, die gemeint ist. Allerdings dürften deren Einflussmöglichkeiten inzwischen extrem gering sein. Ein belehrender Klerikalhabitus wird im Normalfall belächelt, ignoriert. Scharf kritisiert wird er, wenn innerkirchlich nicht die Wertestandards realisiert werden, die in der Gesellschaft selbstverständlich gelten beziehungsweise dort ohne Wenn und Aber eingefordert werden. Hier wirkt sich aus, dass die in der Gottebenbildlichkeitsaussage religiös vorgeformte Anerkennung der unbedingten Würde eines jeden Menschen zu einer säkularisierten Norm geworden ist. Und was unabhängig von Religion gilt, muss innerhalb der Religion erst recht gelten. Einer mit Unbedingtheitsanspruch auftretenden Moralität erlaubt man eben keine Ausnahme. Und so hat – auch wenn dieser Prozess längst nicht abgeschlossen ist, wenn er dies jemals sein kann – die Moralität die Religion befriedet und nicht umgekehrt, auch wenn hier, historisch betrachtet, Wechselverhältnisse zu beobachten sind.

Aber es ist nicht nur die immer noch zu beobachtende Verweigerung grundlegender Freiheitsrechte, die Kirche und Gesellschaft sich einander hat entfremden lassen. Nach Walter Kasper herrscht „in unseren westlichen Gesellschaften heute mehr oder weniger … die Option eines vermeintlich sich selbst genügenden Humanismus" vor. Und er fügt hinzu: „Ihm haftet oft eine gewisse Melancholie und Nostalgie an, das Gefühl des Fehlens von etwas, das nicht mehr da ist, vielleicht auch eine gewisse Traurigkeit und Freudlosigkeit, aber es bezeichnet die Weise, wie heute sehr viele Menschen leben. Sie suchen die Erfüllung ihres Lebens nicht im Bezug zu einer transzendenten Wirklichkeit. Sondern in vielfältiger und sehr oft durchaus ehrbarer Weise immanent."[61] Die Diagnose mag stimmen. Dass die Moderne Selbstüberforderungsdynamiken kennt, Erschöpfungstendenzen, ist soziologisch seit langem beobachtet.[62] Gleichwohl bleibt die Frage, warum es eine Diesseitigkeit gibt, die sich weder neoreligiös beruhigt noch aber dem alten Gott anhaftet.

Glaubenskrise der Gegenwart und der lange Schatten des 19. Jahrhunderts

Ich hege den Verdacht, dass in der Geschichte des Christentums selbst der Grund dafür ausgebildet wurde, dass Gott verloren ging. Besser müsste man wohl sagen, dass die Sehnsucht nach dem Geschichtsgott Israels verloren ging. Denn was verloren ging, war – so erstaunlich dies ist, liest man biblische Texte – zunächst einmal das Theodizeethema. Jedenfalls in der Theologie. Zu stark war die Theologie auf das Thema der Sünde fokussiert, als dass sie sich die in biblischen Zeiten aufgebrochene Sensibilität für das Hiobthema hätte bewahren können. Dass der biblische Hiob von keinem anderen als von Jahwe gegen seine Freunde in Schutz genommen wurde, ihm seine Unschuld bestätigt wurde, wurde schlicht vergessen. Das Hiobbuch kennt

---

[61] W. Kasper, Katholische Kirche. Wesen – Wirklichkeit – Sendung, Freiburg 2011, 63f.

[62] A. Ehrenberg, Das erschöpfte Selbst. Depression und Gesellschaft in der Gegenwart, Frankfurt [7]2008.

keine Rechtfertigung des Sünders. Es anerkennt vielmehr, dass unschuldig gelitten wird. Und auch dass der am Kreuz Gehenkte mit einem Verlassenheitsschrei starb, der elendig zu Tode Gefolterte nur hoffen konnte auf einen Gott wie die unzähligen anderen Gewaltopfer der Menschheitsgeschichte, kam theologisch nicht zur Geltung. Überhaupt spielt das Leben Jesu ja theologisch kaum eine Rolle. Das Gedächtnis des Christentums wurde soteriologisch-theologisch anders organisiert. Es wurde auf eine Sühneleistung für die Sünde des Menschen konzentriert, die Jesus am Kreuz erbracht habe. So lehrte es jedenfalls die Theologie.

Nicht die Theologie des Hiobbuches wurde ausgebaut, sondern eine auf die Sünde der Menschheit fixierte Theologie. Die Frage nach den unschuldig Leidenden wurde über die immer dominanter werdende Satisfaktionstheorie stillgestellt. Und als das Hiobthema in der zweiten Hälfte des 20. Jahrhunderts aufgrund des Drucks katastrophaler geschichtlicher Erfahrungen wiederentdeckt wurde, keine Sünde mehr erklären konnte, warum Gott einen millionenfachen Massenmord zuließ, die Frage nach dem Warum nicht mehr abzudrängen war, hatte die Theologie längst den Anschluss an die kulturellen Dynamiken verloren, wie diese seit dem 19. Jahrhundert und bis in die Gegenwart hinein zu beobachten sind. In den intellektuellen Eliten des 19. Jahrhunderts, ich muss nur an Friedrich Nietzsche erinnern, war der Sühnegott längst zum Opfer des Willens zur Wahrhaftigkeit geworden. Dieser Gott durfte nicht sein.

Wenn man deshalb von Erschöpfungstendenzen in der Moderne reden will, so wird man auch fragen müssen, ob diese nicht von einem bestimmten Christentum mit provoziert waren. Der alte Gott starb, weil dieser Gott den Menschen an den Pranger seiner Sündhaftigkeit stellte, dieser Gott aber keinerlei Sensibilität für das unschuldige Leiden aufbrachte. Kulturkritik ist leicht, und sie wird immer wieder gerne von kirchlich-theologischer Seite geübt. Und ich will ja auch nicht grundsätzlich bestreiten, dass es Indizien dafür gibt, dass ein mühsam in komplexen geschichtlichen Prozessen gewonnenes Selbstverständnis des Menschen wieder zu verflachen droht. Wobei auch sehr davor zu warnen ist, historischen Projektionen zu erliegen. Gesellschaftlich homogen war ein ambitioniertes, in seiner Möglichkeit zu einer verantwortungsvollen Freiheit liegendes Selbstverständnis des Menschen nie durchgesetzt. Projektionen solcher Art haben ihren Grund in einem vermuteten Verlust der Mitte, atmen den kulturpessimistischen Geist einer Verfallstheorie. Dennoch will ich überhaupt nicht bestreiten, dass es Verflachungstendenzen bezogen auf ein mögliches sehnsuchtsvolles Selbstverständnis des Menschen gibt. Wie der Mensch von sich denkt, woran er sein Herz hängt und was er für sich und für andere erhofft, ist keineswegs selbstverständlich. Hierum muss vielmehr immer wieder neu gerungen werden.

Geht dieses Sehnsuchtsbewusstsein verloren, so muss die Unterhaltungsindustrie nur noch besorgen, was der Mensch auch wollen kann: nämlich unterhalten zu werden. Wobei das Verhältnis selbstverständlich ein dialektisches ist. Als vergesellschaftetes Wesen lebt der Mensch immer auch das Bewusstsein, das gesellschaftlich *en vogue* ist, will sagen: das für ökonomisch-politische Interessen verzweckt ist. Er hat unausweichlich an ihm Anteil. Theodor W. Adornos berüchtigtes Wort, es gebe kein „richtiges Leben im falschen"[63], drückt dies aus. Aber selbstverständlich hat Adorno damit dem Menschen nicht die Möglichkeit abgesprochen, Widerstand gegen verknechtende Strukturen, auch ge-

---

[63] Th. W. Adorno, Minima moralia. Reflexionen aus dem beschädigten Leben (= GS 4; hg. v. R. Tiedemann), Darmstadt 1998, 43.

gen ein falsches Bewusstsein und ein falsches Denken aufbringen zu können. Wie Hannah Arendt hatte Adorno Kant gelesen, und deshalb ist er diesem Freiheitsverfechter treu geblieben, auch wenn er den Verhängnischarakter, der über dem Leben schwebt, immer wieder entschieden betont hat.

Der „Leere-Schrecken" und die Theologie

Theologisch wird man Kritik an diesen Tendenzen üben müssen, wenn man einen ambitionierten theologischen Begriff vom Menschen hat. Aber es ist auch Selbstkritik zu üben. Weil das Christentum sich so ausprägte, wie es sich faktisch ausprägte mit seiner Erzählung von Sündenfall und Satisfaktion durch den Gottessohn, man sich gegen dieses Christentum aber schließlich empörte, weil es keine Luft zum Atmen ließ, ist es alles andere als unschuldig an der geistigen Situation der Zeit. Im Dschungel der Sünde ließ es sich nicht leben. Im Dschungel der Unterhaltungsindustrie freilich droht sich ein Freiheitsbewusstsein aufzuzehren, das noch andere Sehnsüchte in sich aufbringen vermag, als sich kurzweilig entspannen zu wollen. Nochmals: Theologische Gedankengebäude sind alles andere als unschuldig. Ob dies allgemein gilt, will ich nicht beurteilen, für die christliche Theologie behaupte ich dies. Bestimmte theologische Lehren haben unendlich viele Menschen beschädigt, sie krank gemacht. Von der Gewalt, die im Namen des Christentums ausgeübt wurde, ganz zu schweigen; für dieses Thema wäre eine eigene Abhandlung vonnöten. Die Spätfolgen sind unübersehbar. Sicherlich haben die Kirchen an Einfluss verloren, aber damit sind diese Gedankengebäude noch keineswegs einfach verschwunden. An der Stelle des augustinischen Gottes entstand eine große Leere. Es ist mal eine leisere, mal dann eine lautere Stille.

65

Martin Walser hat einmal vom „Leere-Schrecken"[64] gesprochen und damit eben diese Situation zu bezeichnen versucht, die nach dem Tod Gottes eintritt, wenn nichts Neues mehr an dessen Stelle tritt. Aber diese entstehende Leere kann kein Argument dafür sein, nun nochmals zum Gott des Augustinus zurückzukehren. Dass zumindest viele sich von ihm befreien konnten, zurück zum Leben fanden, sich positiv annehmen konnten bis in den intimsten Bereich von Menschsein hinein, d. h. im Bereich der Sexualität, ist ein Gewinn. Und dies gilt auch dann noch, wenn man die Augen vor den neuen Ambivalenzen nicht verschließt. Wenn Augustinus Gott um seine Gnade bittet, damit ihn nachts keine „lüsternen Regungen" mehr überkommen mögen[65], so zeigt sich, wie abhängig er in seiner Theologie von den bereits erinnerten spätantiken Sexualitätsverwerfungen war. Sexuelle Begierden zu besitzen, war für Augustinus Konsequenz des erbsündlichen Falls. Im Paradies gab es diese nicht.[66] Man sieht, wie Augustinus das

---

[64] M. Walser, Woran Gott stirbt. Dankrede, in: Büchner-Preis-Reden 1972–1983, Stuttgart 1984, 167–174.

[65] Vgl. Augustinus, Confessiones X, 521. Ich zitiere vorsichtshalber den Passus zur Gänze, wobei ich mich des Urteils enthalten will, inwieweit dieser zu psychologisieren ist. Es ist die theologische Absurdität, die mich verleitet, ihn zu zitieren: „Ist denn deine Hand, allmächtiger Gott, nicht stark genug, alle Schwächen meiner Seele zu heilen? Könntest du nicht mit noch reichlicher strömender Gnade auch die lüsternen Regungen meines Schlafes auslöschen? Mehr und mehr, Herr, wirst du deine Gaben in mir verstärken, damit meine Seele mir auf dem Weg zu dir folge. Du wirst sie befreien von klebriger Begierde, damit sie sich nicht mehr gegen sich selbst auflehnt und damit sie auch nicht im Schlaf unter dem Einfluss tierisch geiler Bilder solche Schändlichkeiten bis zum Samenerguss treibe und noch weniger ihm zustimme. ... Für dich, den Allmächtigen, ist es keine große Sache, zu verhindern, dass so etwas vorkommt ... Dass mir diese Art von Bösem noch zu schaffen macht, das habe ich jetzt meinem guten Herrn gestanden."

[66] Vgl. P. Brown, Die Keuschheit der Engel. Sexuelle Entsagung, Askese und Körperlichkeit am Anfang des Christentums. Aus dem Englischen von M. Pfeiffer, München 1991, 408; 427.431: „Mit Adams Fall verlor die Seele die

antike Ideal vollkommener Selbstbeherrschung theologisiert. Wenn sich heute kaum noch jemand von solchen theologischen Abstrusitäten beeindrucken und in den Beichtstuhl treiben lässt, so ist dies nur gut. Wer unter sexuellen Nöten leidet, sucht heute den Psychologen auf, nicht aber mehr einen Priester oder Pfarrer, dem er diese Begierde als Konsequenz seiner sündhaften Grundstruktur beichtet. Hoffentlich. Aber der Psychologe macht auch nicht glücklich. Eine Antwort auf die Frage nach dem *Warum überhaupt?*, auf die lästige Sinnfrage, vermag er nicht zu geben. Und gibt er sie, so überhebt er sich entweder – oder aber er wird zum Guru. Dass es dies zuhauf gibt, macht die Sache nicht besser.

Doch zurück zur Theologie. Wenn man Gegenwartsdiagnostik betreibt, so ist es ein Gebot der historischen Gerechtigkeit, auch danach zu fragen, warum sich Unzählige in den westlichen Gesellschaften aus den überlieferten christlichen Glaubenstraditionen gelöst haben. Wer den Menschen nur als Sünder betrachtet, erniedrigt ihn in die Permanenz der Selbstkasteiung. Hans Blumenbergs Wort von der „humanen Selbstbehauptung"[67] ist auf einen anderen Problemkontext bezogen, lässt sich aber ohne Umschweife übertragen: Gegen einen solchen Gott, gegen ein solches Christentum musste der Mensch schließlich rebellieren. Ein Christentum, das dem Menschen immer nur das Lied von dessen Sünde zu singen wusste und ihm jeglichen irdischen

---

Fähigkeit, in einem ungeteilten Willensakt sich selbst ganz aufzubieten, um Gott in allen geschaffenen Dingen zu lieben und zu preisen." In „Augustinus' Gedanken diente die Sexualität nur einem einzigen, streng definierten Zweck: Sie zeugte mit schrecklicher Präzision von einem einzigen, entscheidenden Ereignis in der Seele. Sie wiederholte im Körper die unabänderliche Konsequenz der ersten Sünde der Menschheit."

[67] H. Blumenberg, Säkularisierung und Selbstbehauptung. Erweiterte und überarbeitete Neuausgabe von „Die Legitimität der Neuzeit" erster und zweiter Teil, Frankfurt 1983, 141ff.

Glücksanspruch madig machte, musste beseitigt werden.[68] Als sich das Bewusstsein der Freiheit ausbildete, begann die Rebellion gegen ein Denken, das die Glückssehnsucht als Ausgeburt der Sünde denunzierte.

Und es ging nicht einfach darum, Schuld zu leugnen. Bei Nietzsche ja. Er wollte den Totalausbruch aus allem Bisherigen, auch die gänzliche Verabschiedung des moralischen Koordinatensystems. Aber nicht bei denen, die im Gefolge Kants eine hohe Sensibilität für das dem Menschen Mögliche aufbringen, seine – ohne den Hang zum Bösen in ihm zu leugnen – Potenz zu einer Moralität, die diesen Namen verdient. Es ging darum, die Möglichkeit von Schuld allererst wieder denkbar werden zu lassen. Als der Mensch sich dann aber wieder einen ambitionierten Begriff von sich selbst erstritt, er in seiner möglichen Moralität seine höchste Dignität erkannte, hatte dies fatale Folgen für Gott.

Und diese Leerstelle konnte kirchlich-theologisch nicht neu besetzt werden. Die Kirche in ihrer römisch-katholischen Variante war seit dem 19. Jahrhundert bis zum Zweiten Vatikanischen Konzil vor allem mit der Absicherung ihrer eigenen Identität beschäftigt. Strategisch bediente man sich einer Anti-Haltung gegen alle Ideen, die mit dem Geist der Neuzeit verknüpft wurden. Anstatt sich auf die Freiheitsdynamiken moderner Gesellschaften einzulassen, diese – durchaus auch kritisch angesichts der Ambivalenz von Freiheit – zu begleiten und politisch an gesellschaftlichen Ordnungen mitzuarbeiten, welche nach innen und nach außen zu befrieden imstande sind, kultivierte man die Abwehr. Und ob diese Selbstfesselung der Kirche wirklich beendet ist, ist noch sehr die Frage. Allerdings gibt es deutliche Indizien dafür, dass es sich bei dieser Selbstfesselung um eine der kirchlichen Hierarchie handelt; die breite Basis des

---

[68] Ich darf auf die Anmerkungen zu Heinrich Heine weiter unten verweisen.

Katholizismus praktiziert schließlich längst das, was als Ideal neuzeitlichen Menschseins gilt, nämlich Selbstbestimmung.

Theologischer Reformbedarf: Neu an Hiob anschließen – und Freiheit zulassen

Wenn Walter Kasper einen verbreiteten Humanismus ohne Transzendenzbezug beobachtet, so dürfte diese Beobachtung stimmen. Und ich stimme ihm auch ohne Wenn und Aber zu, dass die Kirchen etwas zu sagen haben, ich übernehme gerne auch ein anderes Vokabular: etwas zu verkündigen haben. Nur was? Dies darf nicht gegen den Freiheitswillen stehen. Und was verkündigt wird, muss verantwortet Abschied von einer Theologie nehmen, deren Zeitbedingtheit leicht einzusehen ist – die aber vor allem verheerend gewirkt hat. Weder darf der Mensch auf seine Sünde reduziert werden, noch darf überhaupt noch an einer Theologie festgehalten werden, die, um Gott nur ja nicht mit der Faktizität des Übels belasten zu müssen, dieses auf einen Ursprungsfall zurückführt. Stattdessen ist neu an die Hiob-Traditionen anzuschließen. Und wer Hiob entschieden starkmacht, begeht auch keinesfalls Verrat an der Lust am Leben, an dessen Schönheit. Denn nur weil das Leben so erlebt wird, leidet man ja an den Unsäglichkeiten, die es auch mit sich bringt. Bis dahin, dass es manchen unerträglich wird, sie nur noch die Flucht in eine Freiheit antreten können, die nichts mehr weiß. Darauf komme ich in der nächsten Studie zu sprechen.

Eine Kirche, die missionarisch sein will, hat sich deshalb zunächst einmal selbst zu missionieren. Sie hat sich aus ihrer Selbstfesselung zu lösen, indem sie endlich auf der Ebene der Doktrin Freiheitsrechte radikal anerkennt und so den Geist des Christlichen in sich realisiert. Nochmals: Mit Zeitgeistanpassung hat dies nichts zu tun. Und vermutlich nur dann, wenn sie dies tut und so zu einer neuen Authentizität findet, wird es ihr auch gelingen, theologisch versiert das Evangelium von dem Gott in der Welt präsent zu halten, der auf Gerechtigkeit drängt – der dem Menschen die Schönheit des Lebens ermöglicht hat und der ein Versprechen gegeben hat, dass dieses Leben nicht alles sei.

Nicht nur negativ – eine andere Wirkungsgeschichte

Die Geschichte des Christentums muss aber dennoch differenzierter erzählt werden. Nur auf das verhängnisvolle Erbe Augustins zu verweisen, reicht nicht aus, wenn es um seine Wirkungsgeschichte geht. Es gibt nicht *das* Christentum, sondern es gibt eine Vielzahl von Christentümern, die sich auf den Menschen Jesus von Nazareth beziehen. Aber sie beziehen sich auf ihn, indem sie ihn interpretieren. Neben dem bislang einer deutlichen Kritik unterzogenen Christentum gibt es auch eine stark humanisierende Variante. Es hat, ob man will oder nicht, humanisierend gewirkt. Präziser müsste man sagen, es hat erheblich dazu beigetragen, dass der Mensch einen ambitionierten Begriff von sich selbst entwickelt hat. Auch wenn nicht zu verschweigen ist, dass in seinem Namen immer wieder Gewalt ausgeübt wurde, es sich als intolerant gegenüber Andersgläubigen erwiesen und konfessionelle Kriege ausgelöst hat, die sich tief ins kulturelle Bewusstsein eingeschrieben haben, so darf seine humanisierende Wirkung aus Gründen der historischen Gerechtigkeit nicht verschwiegen werden. Ohne die Idee der Gottebenbildlichkeit eines jeden Menschen wären die historischen Prozesse anders gelaufen. Und ob es heute ein Menschenrechtsethos gäbe, das immerhin von gewichtigen Institutionen global eingeklagt wird, ist sehr die Frage. Dass unterschiedslos einem jeden

Menschen eine Würde vor Gott zukommt, sei er Sklave, Heide oder Jude, Kind oder Erwachsener, oder dass – wie man heute wohl formulieren müsste – unterschiedslos ein jeder Mensch von Gott gewollt ist, mit welcher Hautfarbe auch immer, mit welchem Bildungspotenzial ausgestattet, sei er Frau oder Mann und mit welcher sexuellen Orientierung auch immer versehen, hat die Sicht auf den Menschen revolutioniert. Wenn in modernen Gesellschaften zwar nicht durchgängig, aber eben doch mehrheitlich, der Imperativ gilt, die Unterschiedlichkeit anerkennen zu wollen, in der Menschen leben, so hat dieser seine geschichtlichen Wurzeln auch im Christentum.

Skandalös ist, dass sich Teile der Kirchen nach innen immer noch schwertun mit dieser Egalitätsvorstellung und sich deshalb auch in einem prekären Stand in Gesellschaften wiederfinden, welche die Pluralität von Menschsein normativ verbindlich anerkennen. Ist erst einmal gesellschaftlich das Recht darauf, sich selbst in seinem Lebensentwurf zu bestimmen, als gerecht empfunden, so muss jede vorschreibende Theologie, die ein dem Vernunftrecht vorgeordnetes Naturrecht setzt, auf Ablehnung stoßen. Und diese Ablehnung hat sich längst auch innerkirchlich etabliert. Gleichwohl entspräche es nicht der historischen Wirklichkeit, das Christentum nur als repressive, die Individuen in ihrer Lebensführung einengende oder gar krank machende Macht in den Blick zu nehmen. Weder das Christentum, noch die Kirchen. Das Christentum hat humanisiert, entscheidend zum Sakralisierungsprozess der menschlichen Person und damit zu der Entstehung eines universellen Menschenrechtsethos beigetragen.[69] Jede einseitige Wertung verkennt die komplexen Prozesse, die in die Gegenwart geführt haben.

---

[69] Zur ganzen Ambivalenz vgl. H. Joas, Die Sakralität der Person. Eine neue Genealogie der Menschenrechte, Berlin 2011, 204f.

Und diese Gerechtigkeit ist auch bezogen auf die Gegenwart zu üben. Immer noch setzen sich unzählige Menschen christlichen Glaubens für ein wenig mehr Gerechtigkeit ein, kämpfen sie dafür, dass Menschen Anerkennung finden in ihren Lebensentwürfen – und leben sie Barmherzigkeit, wenn Menschen nicht mehr aufstehen können, sie am Boden liegen und keine eigene Kraft mehr aufzubringen vermögen. Und dies häufig still, selbstverständlich – der Aufforderung Jesu gemäß, dass, wer beten will, in seine Kammer gehen möge. Ohne Aufhebens praktizieren immer noch Unzählige dieses Christentum, und dies, ohne gesehen werden zu wollen, und sie praktizieren es in selbstverständlicher Solidarität mit den Menschen, welche nicht mehr zu glauben vermögen, die ein anderes religiöses Bekenntnis pflegen, sich aber wie selbstverständlich für mehr Gerechtigkeit auf den unterschiedlichsten Ebenen des menschlichen Zusammenlebens engagieren. Eine tröstliche Auskunft für diejenigen, die an den institutionalisierten Kirchen verzweifeln möchten.

Ich will diese historischen Zusammenhänge hier nicht weiterverfolgen, deute sie nur an, damit kein falscher Zungenschlag entsteht angesichts der deutlichen Kritik, die an einem bestimmten Christentum geübt wird. Geht es um die Wirkungsgeschichte des Christentums, so ist auch darauf hinzuweisen, dass es humanisiert hat und humanisiert – dass es bis heute dazu beiträgt, dass ein wenig mehr Gerechtigkeit herrscht, zivilgesellschaftliches Engagement motiviert wird. Alles andere, als auch darauf hinzuweisen, wäre ungerecht, würde den Blick auf die gesellschaftlichen Verhältnisse und die Impulse, die das Christentum zu geben vermochte, verstellen.

II.
Ohne Hoffnung

Über Jean Améry und die Heimatlosigkeit

Vielen ist er kein Name, Jean Améry. Seiner Geburt nach hieß er
Hans Mayer. 1955 hatte er sich dazu entschieden, nicht mehr den
ursprünglichen Namen tragen zu wollen. Es könnte zwar sein,
dass die Zukunft diesem Intellektuellen und Moralisten noch gehören wird. Für sich selbst jedoch hat er keine Zukunft gesehen.
Die Folter durch die Nazis hatte sich ihm in die Haut einge-
brannt, die Erinnerung an sie wurde er nicht mehr los. Und wie
auch andere Überlebende wurde er zeit seines Lebens von der
Frage gequält, warum er überlebt hatte, er, der ‚rechtmäßig' zur
Vernichtung Verurteilte, und Unzählige andere nicht.

Jean Améry ist eine bedrückende, aber auch imposante Figur
des letzten Jahrhunderts. Ich weiß nicht, ob diese Umschrei-
bung angemessen ist. Ist jemand imposant, der sich das Leben
genommen hat? Oder muss man formulieren: der sich das Leben nehmen musste, weil dieses Leben keine Heimat mehr
bot? Auch wenn Améry es sich in der festen Überzeugung genommen hat, dass es nach diesem Leben kein Leben mehr geben würde? Weil kein Gott ist? Bevor ich mich Améry zuwende,
will ich begründen, warum ich ihn als imposante Figur betrachte. Es ist sein schonungsloser Realismus, seine Liebe zur Diesseitigkeit in ihrer ganzen Schönheit, die er sehr wohl zu würdigen
wusste, aber eben auch seine Verletztheit aufgrund der Abscheulichkeiten, die Menschen diesem Leben zufügen, die mich dazu
führen. Améry ist ein Korrektiv; er ist ein Korrektiv gegen jedes

geschichtsvergessene Heimischwerden in dieser Welt. Damit auch gegen jeden belanglosen, welt- und geschichtsvergessenen Glauben.

Gegen eine Tiefe, die menschenverachtend ist

„Nach einer abscheulichen deutschen Tradition", so hat Theodor W. Adorno in seiner *Negativen Dialektik* nicht ohne Sarkasmus geschrieben, figurierten „als tief die Gedanken, welche sich auf die Theodizee von Übel und Tod vereidigen" ließen.[70] Im Blick hatte er Hegel, und selbstverständlich Heidegger – nicht aber Kant. Weder sah Kant noch die Möglichkeit, einen übergreifenden Sinn in der Geschichte identifizieren zu dürfen, wie dies Hegel einige Jahre später nochmals meinte. Kant blieb kritisch gegenüber hybriden Vernunftansprüchen. Noch wäre er auf die Idee gekommen, dem Tod seinen Stachel zu ziehen, wie dies bei Heidegger der Fall war. Adorno ist deshalb von deutlicher Sympathie für Kant getragen, nicht aber für Hegel und erst recht nicht für Heidegger. Solange man nicht „debil" sei, erfahre man „den Tod und seine Boten, die Krankheiten, als heterogen, ichfremd"[71]. Und erst recht verbietet sich für Adorno das Gerede von einer Ganzheit des Daseins, das durch den Tod konstituiert werde, angesichts der Schreie der Gefolterten.

Die letzten Jahrhunderte, die mit dem Begriff der Moderne benannt sein sollen, sind ein hochambivalentes Phänomen. Sie haben eine unermessliche, an Grausamkeit kaum noch zu überbietende Gewalt produziert, aber: Sie haben auch neu für das geschundene Leben sensibilisiert. Als das Geheimnis der Phi-

---

[70] Th. Adorno, Negative Dialektik, Frankfurt ³1982, 28.
[71] Ebd., 362.

losophie Kants hat Adorno „die Unausdenkbarkeit der Verzweiflung" bezeichnet, und damit den Punkt getroffen. Kant
war Realist. Dass die Menschheit sich zum Guten entwickeln
würde, hat er nicht geglaubt. Allerdings hat er darüber auch
nicht die Ideen von Emanzipation und freier Selbstbestimmung,
die Idee der Gerechtigkeit denunziert. Und erst recht hat er sich
eine Rückkehr zum Klerikalglauben verboten. Aber gerade weil
er Realist war, sich in seinem Realismus zugleich normativ bestimmt hat, war für ihn der Gottglaube ein Gebot. In der Erinnerung Adornos: „Daß keine innerweltliche Besserung ausreich-
te, den Toten Gerechtigkeit widerfahren zu lassen; daß keine ans
Unrecht des Todes rührte, bewegt die Kantische Vernunft dazu,
gegen Vernunft zu hoffen."[72]

Erinnerung und Erlösung

Erinnerung kann das Vergangene so vergegenwärtigen, dass es als
das Unabgegoltene im Raum steht. Nicht nur kann es keine Ge-
wöhnung an das geben, was geschehen ist, sondern es ruft danach, nicht nur Vergangenheit zu sein. Auf diese Problematik
spielt die zweite Bezugnahme auf Adorno und dann im selben
Atemzug auch auf Max Horkheimer an. *Für wie abgeschlossen
darf der Mensch die Vergangenheit, das moralisch betrachtet Unabgegoltene halten?*, so lautet die Frage. Walter Benjamin hatte diese
Frage in seinen geschichtsphilosophischen Thesen aufgeworfen.
Das Problem: Ist es dem Menschen verwehrt, mit der Vergangenheit einfach abzuschließen, verlangt die ins Jetzt zitierte Vergangenheit nach Gerechtigkeit, so überschreitet der Mensch die
Grenze hin zur Theologie. Vermag er dies nicht, so droht die Ver-

---

[72] Ebd., 378.

zweiflung. Benjamin ist in den Suizid gegangen. Ob er noch mit der Möglichkeit Gottes gerechnet hat, ist nicht zu entscheiden. Andere, wie Jean Améry, haben resigniert. Die sich an den Namen Gottes knüpfenden großen Versprechungen, die Erzählung von einer Heilsgeschichte sind für ihn nicht mehr übersetzbar.

Die monotheistischen Religionen im Geiste Abrahams haben nicht nur, aber eben auch für die Gerechtigkeitsfrage das Wort Erlösung geprägt. Sie mögen vielleicht nicht einmütig akzentuieren, was Erlösung heißt. Dass aber das vergangene Unrecht nicht einfach Unrecht bleiben könne, ist ihnen gemeinsam. Es macht auch den Geist der Neuzeit aus, an dieser Hoffnung verzweifelt zu sein, ihr – so sehr sie auch bleibend ersehnt sein mag – nicht mehr trauen zu können. Die Auferstehungs- und Rettungshoffnung hat eine Geschichte. Sie wurde in Israel hervorgebracht, wo sich die Frage stellte, was denn angesichts des Glaubens an den barmherzigen Gott mit den Toten sei, die das Martyrium erlitten hatten um seines Namens willen. Aber wie alles, was sich historisch zu Bewusstsein gebracht hat, gilt auch im Fall dieser Hoffnung: Sie kann auch wieder verloren gehen. Adorno sprach davon, dass „die Qual der Verhungernden die Speise" so wenig garantiere, wie das „ontologische Bedürfnis" das, was es wolle, nämlich die Existenz Gottes abzusichern.[73] Ist die Hoffnung darauf, dass doch Manna vom Himmel fällt, so wie damals, als das Volk nach seinem Gott schrie, unter dem Druck der Frage „Wo warst Du, Gott?" vielleicht ermüdet?

Vieles spricht dafür, dass die Neuzeit nicht auf den Gestus zu reduzieren ist, den Aufstand gegen Gott zu proben und selbst wie Gott sein zu wollen. Die Gottlosigkeit der Neuzeit hat wesentlich mehr mit dem Vermissen Gottes angesichts der Abgründigkeit der Menschheitsgeschichte zu tun. Die Zusammen-

---

[73] Ebd., 73.

hänge sind zwar ambivalent: Dass erst Gott stirbt und dann die menschliche Würde mit Füßen getreten wird, hat im historischen Blick durchaus seine Wahrheit. Viel spricht dafür, dass in dem Moment, da eine primitive Rezeption sich Nietzsches bemächtigte, der unbändige Freiheitsdrang Nietzsches in eine Blut- und Bodenideologie umstürzte. Aber dass jedem überhaupt noch human denkenden Menschen die unvorstellbare Gewalt, welche die Geschichte durchherrscht, den Glauben an den gütigen und barmherzigen Gott zutiefst erschüttert, stimmt auch. Die daraus resultierende Gottlosigkeit vieler Menschen guten Willens ist keine selbst gewählte, sondern eine erlittene Gottlosigkeit, mehr noch: ein Nicht-mehr-glauben-Können. Natürlich bleiben die Verbrechen menschliche Verbrechen. Aber ist darüber die Spannung zum Glauben an einen der Geschichte mächtigen, an einen allmächtigen Gott, der eingreifen könnte, zu verschweigen? Wer an diesem Glauben scheitert, dem versiegt das Verlangen nach Freiheit noch nicht. Aber nicht jedes Verlangen kann auch gelebt werden.

Der Mensch ist unter der Tortur nur noch Körper und sonst nichts mehr

Améry wusste, wovon er sprach, wenn er das „Freiheitsverlangen" ein „konstituierendes Element unserer Existenz"[74] nannte. Nur dass dieses Verlangen eingekerkert sei in die Erfahrungen des Körpers, gleichsam somatisiert. Eindrücklich hat er beschrieben, was es bedeutet, der Tortur unterzogen zu werden. Ohne vergleichen zu können, was es für die Einzelnen heißt,

---

[74] J. Améry, Autorität und Freiheit (1967), in: ders., Aufsätze zur Philosophie (= Werke; 6), hg. v. G. Scheit, Stuttgart 2004, 443–468, 445.

gilt doch: „Die Tortur ist das fürchterlichste Ereignis, das einem Menschen widerfahren kann"[75].

Améry ist in Belgien durch die Gestapo gefoltert worden, seine Schilderung – das „Wie des Schmerzes" entzieht sich „der sprachlichen Kommunikation"[76] – lässt den Atem stocken. Der Mensch sei unter der Tortur „nur noch Körper und sonst nichts mehr"[77], „heimisch werden in der Welt" werde zur Unmöglichkeit: „Dass der Mitmensch als Gegenmensch erfahren wurde, bleibt als gestauter Schrecken im Gefolterten liegen: Darüber blickt keiner hinaus in eine Welt, in der das Prinzip Hoffnung herrscht"[78]. Die Begriffe verlieren jede abstrakte Leere, ihre Wahrheit besteht in ihrer Konkretheit, Fleischlichkeit. Sie kommen aus fleischlicher Erfahrung. Améry spricht etwa von der „physische(n) Kompression von Menschenmassen in engstem Raum", und fährt fort: „Im Ghetto bekam der allzuoft zitierte Satz Sartres *l'enfer, c'est les autres* (die Hölle, das sind die andern)' einen ganz konkreten, im Fleische verspürten Sinn. Die Opfer wurden nicht nur vom Unterdrücker zur ,Serie' gemacht, sie wurden physisch, da sie einander ständig sahen, rochen, berührten, entindividualisiert und zur opaken fleischlichen *Masse* gemacht"[79].

Von Belgien aus, wohin er emigriert war, wurde Améry nach Gurs deportiert, konnte dann 1941 zunächst flüchten und sich der Widerstandsbewegung anschließen, bis er dann während ei-

---

[75] J. Améry, Jenseits von Schuld und Sühne. Bewältigungsversuche eines Überwältigten, in: ders., Jenseits von Schuld und Sühne. Unmeisterliche Wanderjahre. Örtlichkeiten (= Werke; 2), hg. v. G. Scheit, Stuttgart 2002, 7–177, 57.

[76] Ebd., 74.

[77] Ebd.

[78] Ebd., 85.

[79] J. Améry, Im Warteraum des Todes, in: ders., Aufsätze zur Politik und Zeitgeschichte (= Werke; 7), hg. v. S. Steiner, Stuttgart 2005, 450–474, 463.

ner Aktion, auf der antinazistische Flugblätter verteilt wurden, erneut in die Hände der Gestapo fiel. Améry hat die Lager überlebt, und er hat sich gequält, mit den Erinnerungen und damit, überlebt zu haben. Die Gottesfrage zu stellen, gar ein oder womöglich gar das jüdische Gebet schlechthin anzustimmen, das Sch'ma Israel, hat er für sich abgelehnt. Er erinnert sich an eine Aufführung von Arnold Schönbergs „Ein Überlebender aus Warschau": „Als von Posaunenklängen begleitet, der Chor anstimmte ‚Sch'ma Israel', wurde mein Begleiter kalkbleich, und Schweißperlen traten auf seine Stirn. Mein Herz pochte nicht schneller, aber ich fühlte mich bedürftiger als der Kamerad, den das unter Posaunenstößen gesungene Judengebet erschüttert hatte. Jude sein, dachte ich mir nachher, ich kann es nicht in Ergriffenheit, nur in Angst und Zorn, wenn Angst sich, um Würde zu erlangen, in Zorn verwandelt. ‚Höre Israel' geht mich nichts an. Nur ein ‚Höre Welt' möchte zornig aus mir dringen. So will es die sechsstellige Nummer auf meinem Unterarm"[80].

Kein Rettergott

Das Sch'ma Israel ist in Auschwitz angestimmt worden, in höchster Todesnot, aber es ist darüber auch verstummt. Das „Überm Sternenzelt muss ein guter Vater wohnen" glaubt der Atheist oder Agnostiker, als der sich Améry ausdrücklich bezeichnet, nicht: Er glaube „es so gründlich nicht", dass er mit „approximativer Gewissheit zu sagen wage: Aber nein, er wohnt nicht dort"[81].

---

[80] J. Améry, Jenseits von Schuld und Sühne, 176.
[81] J. Améry, Atheismus ohne Provokation, in: ders., Aufsätze zur Philosophie (= Werke; 6), 469–482, 472.

Deutlich wendet sich Améry aber auch gegen eine „Selbst-
säkularisierung des Christentums"[82], das selbst nicht mehr Ernst
macht mit dem Gottesgedanken, die Hoffnung auf ihn begraben
hat. Im Blick hatte er eine Gott-ist-tot-Theologie. Allerdings haben sich auch hier die Zeiten geändert. Ob eine Dorothee Sölle
heute noch so ein Publikum erreichen würde, wage ich zu bezweifeln. Vielleicht würde Améry sich heute gegen die vagabun-
dierenden Spielarten eines religiösen Bewusstseins wenden, dem
das beschworene Göttliche seltsam unbestimmt bleibt. Trotz der
relativen Aufgeregtheit, mit der gegenwärtig das Atheismus-
thema die Öffentlichkeit erobert, könnte Améry Recht haben:
„Der aggressive Atheismus kann unbesorgt abdanken, da der
Glaube schon abgedankt hat"[83]. Améry wusste um die entschie-
dene Bestimmtheit, die sich hinter dem Sch'ma Israel verbarg,
nämlich ein dem Menschen zugewandter Gott, der entsetzlich
vermisst und von dem dennoch Rettung erhofft wird. Dieser
Gott ist ein Gott, der der Geschichte mächtig ist. Bestreitet
man diesem Gott seine Mächtigkeit, so löst sich die Theologie
aus ihren Ursprüngen. Améry war hier entschieden. Dies gilt
auch für das Judesein. Oder aber man bekennt sich wie Améry
zu einem anderen, gottlos gewordenen Judesein. Sein eigenes
Selbstverständnis von Judesein musste nach der Erfahrung von
Auschwitz ohne Hoffnung auf einen Rettergott auskommen.
Der Aufstand des Menschen – Améry zitiert Ernst Bloch – um
„das Recht des Menschen, kein Hund zu sein"[84], kann nach dem
Ersterben jeglicher Hoffnung, auch der Gotteshoffnung, in dieser Logik nur noch allein, autonom versucht werden.

---

[82] Ebd., 475.
[83] Ebd.
[84] Ebd., 476.

Nicht dem Fatalismus oder gar dem Recht des Stärkeren huldigen

Améry war sich sehr im Klaren darüber, wie gefährlich der „prometheische Elan" – er rechnet ihn zu den großen „Triebkräften der modernen Zivilisation"[85] – in dem Moment wird, da er die religiöse Heilserwartung nachreligiös nun selbst umzusetzen sucht. Die Totalitarismen des 20. Jahrhunderts mögen unterschiedliche Wurzeln haben, in einem aber waren sie sich einig: Dass die künftige Gesellschaft jeden Preis verlangen dürfe. Die Folgen waren entsetzlich. Und dennoch muss das Risiko der Veränderung,[86] soll nicht dem Fatalismus oder gar offen dem Recht der Stärkeren gehuldigt werden, eingegangen werden. Die Frage bleibt, ob nachreligiös die moralischen Maßstäbe autonom zu gewinnen und einzuklagen sind, die dieses Risiko kontrollieren. Améry wusste darum, dass „Rigoristen" immer „gefährdet" sind: „die Starre des ‚aufrechten Ganges' kann unversehens zum *rigor mortis* werden"[87]. Aber was bleibt, als das Risiko des Aufbruchs zu wagen, wenn alles andere doch nur die Befestigung des Status quo bedeutete?

Améry hat keinen Aufklärungsoptimismus gepredigt, aber zu Recht darauf bestanden, dass „der menschenfreundliche Optimismus der Aufklärung mit den statischen Werten von Freiheit, Vernunft, Gerechtigkeit, Wahrheit unsere einzige Chance" sei, „Geschichte zu machen und mit ihr das recht eigentlich humane Geschäft: die Sinngebung des Sinnlosen zu betreiben."[88] Und er hat auch das Kriterium benannt, auf das sich moralisch sensible

---

[85] J. Améry, Gewalt und Gefahr der Utopie, in: ders., Aufsätze zur Philosophie (= Werke; 6), 483–510, 496.

[86] Ebd.

[87] J. Améry, Weiterleben – aber wie? Das Prinzip Hoffnung, in: ders., Aufsätze zur Philosophie (= Werke; 6), 511–525, 515.

[88] J. Améry, Aufklärung als Philosophia perennis, in: ders., Aufsätze zur Philosophie (= Werke; 6), 549–559, 557.

Menschen, seien sie nun religiös oder nichtreligiös, gemeinsam verständigen können, das des Seinsollens unversehrter Freiheit. So mancher freiheitsvergessene Diskurs der Gegenwart hat sich vielleicht nur heimlich aus der Wirklichkeit verabschiedet. Améry schreibt: „Was Freiheit heißt, weiß jeder, der je in Unfreiheit gelebt hat. Dass Gleichheit kein Mythos ist, davon kann ein Lied singen, wer Opfer der Oppression war"[89].

Die Studie über den Freitod

Jean Améry nahm sich am 17. Oktober 1978 das Leben. Auf seinem Grabstein stehen seine Lebensdaten und eine Nummer: 172364. Ist dies die existentielle Antwort auf Adornos „Frage, ob nach Auschwitz noch sich leben lasse, ob vollends es dürfe, wer zufällig entrann und rechtens hätte umgebracht werden müssen"[90]? Niemand weiß, ob dies Amérys letztgültige Antwort auf seine Definition der jüdischen Identität nach Auschwitz war, nur noch „ein Toter auf Urlaub" zu sein, „ein zu Ermordender, der nur durch Zufall nicht dort war, wohin er rechtens gehörte"[91]. Sein Leben ist ihm offensichtlich immer mehr zur Last, zur Bedrückung geworden. Werkbiographisch spricht vieles für diese Mutmaßung. Das „Freiheitsverlangen" sondiert jedenfalls immer mehr die radikalste Möglichkeit menschlicher Existenz, die des Suizids.

Améry hatte zwei Jahre vor seinem Tod seine Studie *Hand an sich legen. Diskurs über den Freitod* vorgelegt. Er hatte die unendliche Einsamkeit beschrieben, die den erfassen muss, der sich dieser Möglichkeit stellt und sie langsam, aber dann immer sicherer

[89] Ebd., 559.
[90] Th. Adorno, Negative Dialektik, 355.
[91] J. Améry, Jenseits von Schuld und Sühne, 154.

erfasst. Doch nicht nur die absolute Vereinsamung, die damit verbundene Not wird geschildert, sondern auch die Erfahrung absoluter Absurdität: „Was erfahren werden kann, ist nur die Absurdität von Leben und Sterben und – wo der Freitod gewählt wird – ein absurder Freiheitsrausch"[92]. Im gleichen Atemzug kommt auch wieder die KZ-Erfahrung zur Sprache, die grundsätzlich mit dem Menschenschicksal gegebene biologische Erniedrigung – das Wissen um den Tod, der unerträglich ist und bleibt – wird zusammengebunden mit der Erfahrung, den Schergen nur noch ausgeliefert zu sein. Die letzte Anmaßung des Lebens bestehe darin, schreibt Améry, erkennen zu müssen, dass „das Ganze das Unwahre" sei, eine Erkenntnis, die „nichts taugt im Leben".[93] Aber eben diese Erkenntnis müsse gewagt werden. Da der Suizidär, klammerte er sich nun noch an irgendetwas, wie der KZ-Häftling sei, „der es nicht wagt, an den Draht zu laufen", der „die Abendsuppe … verschlingen" möchte, dann wieder „das heiße Eichelgebräu am Morgen und wieder eine Rübensuppe mittags". Es gelte, „einem Leben ohne Würde, Menschlichkeit und Freiheit zu entrinnen." So werde der „Tod zum Leben".[94] Es ist dies freilich ein Tod, dem keine Erwartung mehr vorausgeht, keine Hoffnung mehr auf Erlösung. Nicht mehr zu sein, wird zur Erlösung. Nur so lässt sich für Améry die Würde der Freiheit wahren.

An seine Frau Maria schreibt Améry zum Abschied: „Ich bin auf dem Weg ins Freie. Es ist nicht leicht, aber dennoch die Erlösung. Denke, wenn Du kannst, nicht mit Groll an mich und nicht mit allzu qualvollem Schmerz. Du weißt alles, was ich Dir zu sagen habe: dass ich Dich unendlich liebte." Und der Brief endet: „Bitte,

---

[92] J. Améry, Hand an sich legen. Diskurs über den Freitod, in: ders., Über das Altern. Revolte und Resignation. Hand an sich legen. Diskurs über den Freitod (= Werke; 3), hg. v. M. Boussart, Stuttgart 2005, 173–343, 342.

[93] Ebd.

[94] Ebd., 343.

bitte, sei mir nicht gram – jetzt ist mir ja, als ahnte ich, Du würdest am Ende doch verzeihen. Ein Schimmer, eine bloße Ahnung von Seelenfrieden"[95]. Ein Mensch, der sich im Glauben an Gott festmacht, wird seine Hoffnung nicht unterdrücken können und wollen; er wird auch von ihr sprechen wollen. Aber es gilt doch auch, dass kein noch so hohes Wort, auch nicht das Wort Hoffnung, nach diesem Schrecken und den anderen Schrecken der Menschheitsgeschichte unverwandelt wiederkehren darf. Dies ist denen geschuldet, denen Unvorstellbares zugefügt wurde und die unter dem Skandal des Todes – Améry hat den Tod als „das vollkommene und unaufhebbare Debakel"[96] bezeichnet – leiden. Gewagt bleibt der Glaube allemal, aber wenn er sich wagt, ein menschlich Antlitz haben soll, dann nimmt er die, die nicht oder nicht mehr zu glauben vermögen, in die Zwiesprache mit dem geglaubten Gott, ins Gebet, mit auf. Nicht die triumphalistische Geste entspricht den gläubig Hoffenden, sondern die Trauer darüber, dass unzähligen Menschen angesichts des Erlittenen die mögliche Hoffnung abhandenkam. Eine humane Sprache der Hoffnung wird deshalb den Schrecken in sich aufnehmen. Auch bleibt es vernünftig, sich der Hoffnung des Glaubens zu überantworten. Aber ob existentiell lebbar ist, was der Reflexion möglich ist, steht auf einem anderen Blatt.

Améry war und blieb ein Moralist, der für die Idee der Humanität eingestanden ist. Auch wenn er dann am Ende seines Lebens so resigniert war, dass für ihn nur noch *ein* Weg in die ‚Freiheit' blieb. Wie für so viele andere auch, die nicht mehr weiterleben konnten, auch wenn sie überlebt hatten.

---

[95] Zit. nach I. Heidelberger-Leonhard, Jean Améry. Revolte in der Resignation, Stuttgart 2004, 351.

[96] J. Améry, Über das Altern. Revolte und Resignation, in: ders., Über das Altern. Revolte und Resignation. Hand an sich legen. Diskurs über den Freitod (= Werke; 3), hg. v. M. Boussart, Stuttgart 2005, 7–171, 37.

III.
Das erlösungsbedürftige Tier: Charles Darwin, Georg Büchner und Heinrich Heine

Das 19. Jahrhundert ist vergangen. In seinen Umwälzungen des bis dahin mehr oder weniger gültigen Selbstverständnisses des Menschen hat es freilich an Aktualität nichts verloren. Es ragt weit in unsere Gegenwart hinein. Gesellschaften sind seit dieser Zeit nicht mehr so, wie sie über lange Zeit waren und dem Menschen zuwiesen, wie er sich zu verstehen und wie er zu leben hat. Aber auch der Begriff des Menschen von sich selbst beginnt sich grundlegend zu verändern. War dieser über lange Zeit relativ stabil, verstand sich der Mensch als Mensch vor Gott, so beginnt jetzt der Rückbuchstabierungsprozess in das Reich der Natur. Das 19. Jahrhundert markiert den Beginn des genealogischen Denkens. Während Hegel noch ein Telos vermutete, auf das alle Entwicklungen mit einer inneren Notwendigkeit zusteuern würden, das Selbstwerden des Absoluten im endlichen Bewusstsein, setzt unmittelbar nach Hegels Tod die metaphysische Ernüchterung ein. Für Hegel war die konkrete Religion nur eine Vorstufe in dieser Entwicklung. In ihr kommt zur Vorstellung, was nun nur noch auf den Begriff gebracht werden muss.

Hegels Optimismus, was die metaphysische Einsichtsfähigkeit menschlicher Vernunft angeht, war nur von kurzer Dauer. Zu stark gärte in den intellektuellen Eliten die Skepsis, ob das unruhige Herz des Menschen tatsächlich in Gott zu ruhen kommt. Und es wäre, wäre man Hegel gefolgt, ja auch nicht in Gott zur Ruhe gekommen, sondern im menschlichen Geist selbst. Denn nicht zu vergessen ist ja, dass Hegel ein Denker des Einen ist. Kommt der Mensch in Gott zur Ruhe, dann deshalb, weil er begriffen hat, dass sich in seinem endlichen Geist nur das Absolute selbst auf den Begriff bringt; noch präziser muss man sagen, dass das Absolute in dem Moment, da sich der endliche Geist so begreift, erst *ist*. Während es zuvor nur als Idee existierte, ist es nun, weil sich der endliche Geist als eins weiß mit all dem, was ist. Deshalb konnte Hegel nicht überzeugen, weil der Druck der erlebten Existenz zu stark war. Nur ein Moment in der Selbstwerdung des Absoluten zu sein, ist dem Menschen zu wenig. Es sollte ihm zu wenig sein. Oder aber, um es in den Worten Ernst Blochs zu sagen: Es ging um „das Recht des Menschen, kein Hund zu sein"[97]. Sich im spekulativen Begriff eins zu wissen mit dem Absoluten, versöhnt noch nicht; weder mit der eigenen Sterblichkeit, noch – selbst wenn die eigene Biographie relativ glücklich verläuft – mit dem Elend, mit dem Schicksal unzähliger anderer.

Charles Darwin, Georg Büchner und Heinrich Heine sind diese Ausführungen gewidmet. Sie bilden eine illustre Gesellschaft, eine Versammlung höchst unterschiedlicher Typen. Auf der Suche waren sie alle, auch nach Gott. Aber die Selbstverständlichkeit der Existenz Gottes war ihnen weggebrochen. Wenn ich mich diesen dreien im Folgenden zuwende, so geht das selbstverständlich nur kursorisch, pointiert. Deutlich gemacht werden soll, wie erschüttert das geschichtlich gewordene Selbstverständnis des Menschen als der Krone der Schöpfung längst war. Immer mehr greift nun der Verdacht, dass der Mensch nur ein Zufallsprodukt der Evolution sein könnte – dem Menschen das Bewusstsein von seiner Erlösungsbedürftigkeit aber bleibt. Allerdings verbietet es sich auch, wenn man sich an solchen Figuren reibt, allzu harmlos von Gott zu reden. Büchner hat es nicht getan, Heine nicht – auch wenn er am Ende entschieden zu ihm zurückgekehrt

---

[97] Zit. nach J. Améry, Atheismus ohne Provokation, 476.

ist. Vorsichtiger: Heine kehrte zu der Hoffnung auf ihn zurück. Doch zunächst zu Darwin.

Evolutionsprodukt Mensch

Charles Darwin, dessen einziger akademischer Abschluss ein theologischer war, hat im Rahmen der Evolutionstheorie den Menschen zurückbeordert in das Reich der einen Natur, aus der alles Organische erwächst. Nach Sigmund Freud steht Darwin für eine der größten Kränkungen der Menschheit.[98] Hatte sich der Mensch über lange Zeit als die von Gott geschaffene Krönung der Schöpfung geglaubt, so zeigt Darwin etwas anderes. Es braucht keine Gotteshypothese, um die Entstehung der Arten erklären zu können. Es reichen sparsamere Prinzipien, um verstehen zu lernen, was sich empirisch in seiner ganzen Vielzahl an Arten zeigt.

Darwins Denken bewegt sich auf nominalistischem Terrain in seiner aufgeheizten Variante.[99] Dem historischen Nominalismus des 14. Jahrhunderts ging es darum, die biblisch behauptete Freiheit des Geschichtsgottes neu denken zu können. Dabei war es einem Wilhelm von Ockham selbstverständlich, dass Gott in seiner absoluten Allmacht treu ist. Wissenschaftstheo-

---

[98] S. Freud, Eine Schwierigkeit der Psychoanalyse (1917), in: ders., Werke aus den Jahren 1917–1920 (= GW; 12), hg. v. A. Freud u. a., Frankfurt 1947, 7–11.
[99] Hierzu Ph. Sarasin, Darwin und Foucault. Genealogie und Geschichte im Zeitalter der Biologie, Frankfurt 2009, 73. Meine Darwin-Kenntnisse verdanke ich den faszinierenden Darstellungen von Eve-Marie Engels. Dies gilt auch da, wo dies nicht in allen Details deutlich gemacht ist. Ich verweise dankbar u. a. auf E.-M. Engels, Charles Darwin, München 2007; dies., Der Mensch, das moralfähige Tier – Zur Anthropologie und Ethik von Charles Darwin, in: dies. u. a. (Hg.), Charles Darwin und seine Bedeutung für die Wissenschaften, Tübingen 2011, 145–180.

retisch hat der Nominalismus mit der Betonung der absoluten Freiheit eine Revolution eingeleitet, in deren Geschichte auch Darwin steht. Denn wenn Gott in seiner Freiheit absolut ist, so ist es nicht mehr möglich, im Rückgriff auf den Willen Gottes verlässliche Aussagen über Naturgesetze zu machen. Und auch lässt sich nicht mehr sagen, dass Gesetzmäßigkeiten, die beobachtet werden, ein bestimmter Zweck eingeschrieben ist. Engels hat darauf verwiesen, dass Darwin anfangs vielleicht noch nicht einmal die revolutionäre Bedeutung dieser Einsicht realisiert habe. Er spricht in der Phase dieser Entdeckung noch von Schöpfung.[100]

Ich werde gleich darauf zu sprechen kommen, warum sich dies für Darwin ändert. Um die Entstehung der Arten erklären zu können, wird die Gotteshypothese jedenfalls überflüssig. Um die Dynamik von Evolution zu verstehen, setzt Darwin bei der Beobachtung an, dass es Varianten gibt bezogen auf eine Gruppe von Organismen. Natürliche Selektion findet statt über das Kriterium der besseren Anpassungsmöglichkeit an Umweltbedingungen. Organisiert wird diese über Eigenschaften, die graduell unterschiedlich ausgeprägt sind. Diese Eigenschaften werden vererbt, wodurch es zur Ausbildung neuer Varietäten kommt.[101] Was für die Entstehung aller Organismen gilt, gilt auch für den Organismus Mensch. Allerdings mit einer bedeutenden Abweichung. Einem Biologismus hat Darwin nicht gehuldigt. Und auch hätte Darwin angesichts Nietzsches anthropologischer Grundbestimmung, der Mensch sei das nicht festgestellte Tier, Differenzierungen angemahnt. Schließlich wird Nietzsche erwägen, ob das Bewusstsein des Menschen reines Scheinbewusstsein sein könnte. Und dass auch die Vor-

---

[100] E.-M. Engels, Darwin, 73.
[101] Vgl. ebd., 92f.

stellung, sich selbst regulieren zu können, d. h. Freiheit zu besitzen, eine reine Fiktion sein könnte.[102] Darwin hat dies nicht
erwogen. Ein Naturalismus, eine die Differenzen zwischen dem
Menschen und anderen Organismen einebnende Tendenz, war
ihm fremd. Der Mensch nimmt bei ihm eine Sonderstellung
ein, weil er nicht einfach existiert, sondern über die Möglichkeit freier Selbstbestimmung verfügt. Dies ist begründet in seiner Fähigkeit, in ein reflexives Verhältnis zu dem ihm Begeg-
nenden zu treten; es zu distanzieren, zu reflektieren und dann
ein in Freiheit bestimmtes Verhältnis zu ihm einzunehmen.
Aber, und das ist wichtig: faktisch. Eine Teleologie der Welt,
die auf den Menschen zielt, weist Darwin von sich. Der
Mensch ist aus der einen Evolution hervorgegangen wie alles
andere Lebendige auch. Nur dass der Mensch spezifische Wei-
sen einer bestmöglichen Umweltanpassung ausgebildet hat, um
angesichts knapper Ressourcen, die notwendig zur Selektion
führen, die Zukunft zu sichern.

Darwins Sensibilität

Wer deshalb meint, Darwin als Naturalisten vereinnahmen zu
dürfen, verkennt ihn grob. Und er war ein empfindsamer, ein
ethisch extrem sensibler Mensch. Und eben dies wurde ihm
zum Problem, wenn es um Religionsangelegenheiten, näherhin
um die Gottesfrage ging. Der Naturforscher war nicht nur voller
Bewunderung für die Schönheit der Natur. Er sah selbstverständlich auch genau, dass die die Evolution vorantreibenden

---

[102] Vgl. hierzu meine Studie: Das Ich im Sturz der Realität. Philosophisch-
theologische Studien zu einer Theorie des Subjekts im Anschluß an die Spät-
philosophie Friedrich Nietzsches (= ratio fidei; 1), Regensburg 1998.

Prinzipien, nüchtern betrachtet, brutal sind. Selbstverständlich ist dies eine anthropogene Lesart der Welt. Die Naturprozesse sind nicht an sich betrachtet brutal, sondern weil der Mensch sie als solche bewertet. So wie es auch keine objektive Schönheit gibt, sondern etwas als schön angeschaut wird. Es ist der Mensch, der – eben weil er nicht einfach *ist*, sondern stets in einem reflexiven Verhältnis zu sich existiert, Erlebnisse verarbeitet – etwas als etwas beurteilt. Und so ist auch die moralische Lesart der Welt eine, die der Mensch betreibt. Dies hat in Darwin eine tiefe religiöse Erschütterung ausgelöst.

Die bestmögliche Anpassung an Umweltbedingungen ist an Brutalitäten nicht gerade arm. Jedenfalls nimmt der Mensch dies so wahr. Darwin war sensibel, und spätestens, als eine seiner Töchter elendig starb, starb ihm der Glaube an Gott ab. Das nicht festgestellte Tier, der Mensch, ist das Lebewesen, das nicht nur so stirbt wie alles andere Lebendige auch, sondern es kennt auch noch das Unglück darüber. Dies ist ja eine der maßgeblichen Differenzen zum Tier: dass der Mensch unglücklich ist, dies jedenfalls zu werden vermag, wenn er sich der Welt stellt. Darwin hat dies getan. Aus wissenschaftlicher Sicht wurde Gott entbehrlich, ja schärfer noch. Die ihm bekannte Erzählung von dem Gott, der die Arten schuf, war unplausibel geworden. Und hinzu kam das bedrückende Theodizeeproblem. Will man noch an einen gütigen Gott glauben? Kann man dies ernsthaft noch, wenn man sich den realen Phänomenen stellt?

Darwin war kein Atheist, einer, der meinte, die Existenz Gottes bestreiten oder gar gegen sie polemisieren zu müssen. Nein, Darwin hat sich nicht auf diese ontologische Ebene begeben, er ist vielmehr schlicht in seinem Glauben an Gott gescheitert. Er wurde zum melancholischen Agnostiker, zu einem, der wohl glauben wollte, aber es nicht mehr konnte.

Politisches Engagement und Gottesmüdigkeit: Georg Büchner

Und damit steht er in einer langen Reihe. Wenden wir uns Georg Büchner zu, dem Mediziner, der eine glänzende Karriere vor sich zu haben schien, und dem Literaten. Nicht nur gibt es eine Evolution im Bereich des Biologischen, nein, auch im Bereich des Sozialen, der politischen Ordnungssysteme und der Kultur. Büchner flüchtete über die Zwischenstation Straßburg nach Zürich. Er war ein politisch Verfolgter. Er war infiziert von der Idee einer Gesellschaftsordnung, die nicht absolutistisch war, sondern sich aus den Grundsätzen der französischen Revolution bildete: Freiheit, Gleichheit, Brüderlichkeit.

Auch Büchner war ein Sensibler. Die jakobinische Schreckensherrschaft hatte er sehr wohl vor Augen, das Wüten der Guillotine und damit die mögliche Perversion der Freiheit. Die Sehnsucht nach Freiheit hat sie ihm nicht ausgetrieben. Er brauchte auch keine kirchliche Moralautorität, die ihn über die Differenz von Gut und Böse unterrichtet hätte. Die Aufklärung hat ihre Dialektik von Anfang an sehr genau beobachtet. Dass der Ausbruch aus der selbst verschuldeten Unmündigkeit keineswegs in eine gerechte, menschenachtsame Gesellschaftsordnung münden muss, sondern dieser ebenso in Gewaltexzessen enden kann, hatten die für das Menschenschicksal Sensiblen schnell beobachtet. Ich will nicht beurteilen, ob Büchner diesbezüglich jegliche Ambivalenz abzusprechen ist. Aber er hat dem Drama um die Französische Revolution in *Dantons Tod* ein Denkmal gesetzt, das seinesgleichen sucht. Was gut ist, was böse, wird fraglich. Ob das Leben einen Wert hat, na ja. Es sei nur „eine verwickeltere, organisirtere Fäulniß"[103] als der Tod. Hierin

---

[103] G. Büchner, Dantons Tod, in: ders., Sämtliche Werke und Briefe, hg. v. A. Martin, Stuttgart 2012, 61–152, 133.

läge der Unterschied. Ein, wenn es so ist, tatsächlich nur marginaler Unterschied.

Interessant aber ist an *Dantons Tod*, in dem die ganze Perversion thematisiert wird, in der der Kampf um ein gerechtes Gesellschaftssystem enden kann, dass das Drama aufgeladen ist mit gottbedürftigen, aber auch mit gottskeptischen Fragen. *Dantons Tod* ist auch ein Traktat über metaphysische Letztfragen. Über Fragen nach dem Menschen, seiner Freiheit, seinem Hang zum Bösen, danach, ob es das Böse überhaupt gibt, oder nicht vielleicht doch alles nur Materie, Schicksal ist – und damit nach Gott. In diesem Wort haben sich die Sehnsuchtsfragen des Menschen verdichtet, und es bleibt auch dann noch ein Sehnsuchtswort, wenn der, den es bezeichnet, nicht mehr geglaubt wird. Es ist das Leiden, das die zermürbt, die wohl glauben möchten. Der pantheistische Gott, der Gott Spinozas, der alles ist, was ist, ist keine Möglichkeit. Dieser Gott handelt nicht, und ein Gott, der nicht handelt, rettet auch nicht. Und der personale Gott? Der Geschichtsgott, wie ihn Israel so entschieden bekannt hat und auf den auch Jesus gesetzt hat? Büchner lässt Danton den Protest gegen diesen Gott formulieren: „Merke dir es […]: warum leide ich? Das ist der Fels des Atheismus. Das leiseste Zucken des Schmerzes und rege es sich nur in einem Atom, macht einen Riß in der Schöpfung von oben bis unten."[104]

Da ist es, das gottaustreibende Argument. Darwin war von ihm besetzt, Büchner nicht weniger. In der Erzählung *Lenz* wird Büchner es leicht modifiziert einsetzen. In *Dantons Tod* wird der Schmerz zum grundsätzlichen Argument gegen den Glauben an eine Welt, die Schöpfung ist. Wenn diese Welt sich einem gütigen Schöpfergott verdankt, dann hätte nie auch nur ein geringster Schmerz sein dürfen. In *Lenz* wird nicht das me-

---

[104] Ebd., 116.

taphysische Argument traktiert; hier wird schlichter, näher an den konkreten Alltagsphänomenen argumentiert – und näher an den biblischen Geschichten von einem wunderwirksamen Gott. Die Erzählung beschreibt, wie der pietistische Pfarrer Oberlin Lenz von seinem Christentum, dem althergebrachten Christentum überzeugen will. Lenz, unruhig ob das Dasein einen Sinn hat – was auch immer Sinn heißen mag –, längst an Gott zweifelnd, lässt sich nochmals kurz von der pietistischen Orthodoxie einfangen, die Oberlin ihm predigt. Ich erlaube mir eine etwas längere Passage zu zitieren:

„Lenz sagte, daß der Geist des Wassers über ihn gekommen sey, daß er dann etwas von seinem eigentümlichen Seyn empfunden hätte. Er fuhr weiter fort: Die einfachste, reinste Natur hinge am nächsten mit der elementarischen zusammen, je feiner der Mensch geistig fühlt und lebt, um so abgestumpfter würde dieser elementarische Sinn; er halte ihn nicht für einen hohen Zustand, er sey nicht selbständig genug, aber er meine, es müsse ein unendliches Wonnegefühl seyn, so von dem eigenthümlichen Leben jeder Form berührt zu werden; für Gesteine, Metalle, Wasser und Pflanzen eine Seele zu haben; so traumartig jedes Wesen in der Natur in sich aufzunehmen, wie die Blumen mit dem Zu- und Abnehmen des Mondes die Luft. Er sprach sich selbst weiter aus, wie in Allem eine unaussprechliche Harmonie, ein Ton, eine Seeligkeit sey, die in den höhern Formen mit mehr Organen aus sich herausgriffe, töne, auffaßte und dafür aber auch um so tiefer afficirt würde, wie in den niedrigen Formen Alles zurückgedrängter, beschränkter, dafür aber auch die Ruhe in sich größer sey."[105]

---

[105] G. Büchner, Lenz, in: ders., Sämtliche Werke und Briefe, 153–182, 162f.

Allmacht Gottes und menschliches Moralitätsbewusstsein

Diese religionssoziologisch betrachtet durchaus moderne Harmoniereligion, in der alles seinen Ort hat, bricht Lenz unter den Füßen weg. Dieser Gott atmet den Geist des Alles-in-Allem, nicht aber den Geist des Gottes, der mit starker Hand hilft. Flehentlich bittet Lenz Gott, er möge ein Wunder tun, als er am Bett eines toten Mädchens steht. Und es passiert das, was immer wieder passiert, wenn Menschen inständig bitten – nichts. Gott schweigt. Das Kind bleibt tot, liegt auch weiterhin kalt und leblos da. In diesem Moment bricht für Lenz der Gottglaube endgültig zusammen. Es sind die moralischen Maßstäbe, die nicht zuletzt unter dem Eindruck dieser Religion, der Religion eines menschenachtsamen Gottes gewachsen sind, nun das Innerste des Menschen bestimmen und sich jetzt gegen Gott wenden. Ist Gott weniger moralisch als der Mensch? Weil er nicht hilft, nicht rettend eingreift, obwohl er es doch könnte? Vorausgesetzt nur, dass er wirklich allmächtig ist? Ebenso argumentiert Lenz: „aber ich, wär' ich allmächtig, ... wenn ich so wäre, und ich könnte das Leiden nicht ertragen, ich würde retten, retten."[106]

An dieser Erfahrung, dass Gott stumm bleibt, scheitern Menschen immer wieder in ihrem Wunsch, doch glauben zu können. Zwar sagt das Schweigen Gottes nichts darüber aus, ob er existiert oder nicht. Aber er macht sich, wenn er existiert und nicht nur eine Sehnsuchtsprojektion des Menschen darstellt, extrem fragwürdig. Ein Gott, der schweigt, darf sich nicht wundern, dass auch Menschen schweigen und nicht mehr das Loblied anstimmen. Lenz zieht die Konsequenz, oder muss man sagen: Es geschieht schlicht, dass er diese Konsequenz zieht? Letzteres. Gott stirbt, ist tot. Der Atheismus greift in ihm.

---

[106] Ebd., 179.

Büchner selbst hat für seine Person die Frage offengelassen. Mit dem Kirchenglauben hat er gebrochen; der war ihm zu schlicht. Aber gesehnt hat er sich dennoch, im Leiden. Hat er das Leiden theologisiert? Leiden sei sein Gottesdienst. Ich weiß nicht. Spätestens wenn der leidende andere Mensch in den Blick kommt, verbieten sich jedenfalls generalisierende Aussagen über das Leiden. Wenn überhaupt, so kann man das Leid nur für sich akzeptieren – und so kann man auch nur im eigenen Leid Gott finden, wenn überhaupt, nicht aber in dem der anderen.

Heine – der verlorene Sohn

Und Heine? Heine ist eine der interessantesten Figuren überhaupt, die das 19. Jahrhundert hervorgebracht hat. Heine war zunächst besessen von einem Gedanken, dem der politischen Emanzipation. Der im Exil Lebende, in Paris, war entschiedener Verfechter der Idee der französischen Revolution, eine andere, gerechtere Gesellschaft aufbauen zu wollen. Dass die Religion zunächst bei ihm zum Objekt polemischen Spotts wurde, hing damit zusammen, dass die Kirchen meinten, entmündigen zu dürfen. Ob sie dies nicht immer noch wollen, sie aber nicht mehr so recht damit durchkommen, weil die Idee der Gewissensautonomie sich zumindest in den durch Modernisierungsprozesse gegangenen westlichen Gesellschaften durchgesetzt hat, wäre zu fragen. Aber das ist hier nicht das Thema. Hinzu kam für Heine, dass er die kirchliche Verteufelung des menschlichen Glücksverlangens und auch des Fleischlichen verachtete. Heine spricht davon, dass der Mensch einen Anspruch auf Glück habe. Wenn Heine gegen die Sünde polemisierte, so nicht, weil er den abgründigen Hang des Menschen zum Bösen verleugnete. Sondern weil die Sündenrhetorik den Menschen

seit Jahrhunderten terrorisierte, das sinnliche Verlangen denunzierte. Auch deshalb war ihm der Kirchenglaube suspekt. Ein
die Begierden des Menschen denunzierender Glaube musste
diesem, dem Leben zugewandten Polemiker ein Dorn im Auge
sein. Hatte der Prozess der Emanzipation aus selbst verschulde-
ter Unmündigkeit erst einmal eingesetzt, so ergriff er auch die
religiöse Orthodoxie mit aller Wucht. Die Nachwehen sind bis
heute zu spüren. Aber selbstverständlich war Heine auch Gott
suspekt. Wer sensibel ist für das Geschick des Menschen, die
Zumutungen, die das Leben mit sich bringt, und die Brutalität,
die Menschen in der Geschichte erfahren, wird geradezu
zwangsläufig skeptisch. Gottes Schweigen ist unüberhörbar.[107]

Hin zum Gott der Bibel

Und dennoch hat Heine im Jahr 1848 nach eigener Selbst-
bekundung eine religiöse Wende vollzogen. Kein Geringerer als
Jürgen Habermas hat aber auch darauf bestanden, dass diese religiöse Wende eines nicht darstelle: Sie sei „keine Deflationie-
rung des Anspruchs auf eine Verbesserung dieser Welt." Heine
habe zwar „am Ende seines Lebens die immer schon religiös ge-
tönte Glückssehnsucht des Poeten aufs Jenseits verschoben", das
habe aber „den Freiheitsenthusiasmus des Liedermachers, den
politischen Zorn und die militante Auflehnung des in seinem
Gerechtigkeitsgefühl getroffenen Intellektuellen und Bürgers
nicht gebrochen."[108] Man muss der Erde nicht untreu werden,

---

[107] Zur Präsenz des Religiösen bei Heine vgl. sehr aufschlussreich W. Frick,
„Der Schattenfürst in der Unterwelt". Heines Lyrik im Zeichen des Todes, in:
ders., Heinrich Heine. Neue Lektüren, Freiburg 2011, 155–298.

[108] J. Habermas, Zeitgenosse Heine: „Es gibt jetzt in Europa keine Nationen

wenn man auf Gott setzt. Heine, inzwischen schwer leidend ans Bett gefesselt, macht sich schlicht urbiblische Intuitionen zu eigen. Da herrscht kein Platonismus, Verrat an der Geschichte. Bevor es um das Jenseits geht, geht es um das Diesseits, um diese Erde – den konkreten Menschen in seinem Verlangen nach Glück, nach Sinnlichkeit und Anerkennung und nach ein wenig mehr Gerechtigkeit. Und in diesen Traditionen des Gottglaubens wird eine narzisstische Religiosität einer scharfen Kritik unterzogen. Gottesdienst gibt es nur in der Verbindung mit Nächstenliebe. Wer meint Gott zu lieben, ohne im eigenen Umfeld eine soziale Ausgleichspraxis zu betreiben und politisch zu agieren, wird sich jedenfalls nicht auf den Gott der Bibel berufen dürfen. Und er hätte einen Heinrich Heine als einen Propheten auf der Linie eines Amos gegen sich, nur dass dieser geburtlich nicht aus Judäa, sondern aus Düsseldorf stammte. Aber vielleicht war er intellektuell-geistig auch deshalb so von Paris eingenommen, weil er jüdische Wurzeln hatte. Wer den Gedanken der Freiheit und der Emanzipation aus Knechtschaft hochhält, schielt eben nicht auf Rom, auch nur begrenzt auf Athen, sondern auf Jerusalem – und: auf Paris.

Und Gott? Kaum jemand ist so entschieden, so deutlich in den Alternativen wie Heine. Von Schmerzen schwer geplagt, an der Gerechtigkeit dieser Welt zweifelnd, hat er sich zum Gott der Bibel bekehrt. Er sei „zurückgekehrt zu Gott, wie der verlorene Sohn", nachdem er „lange Zeit bei den Hegelianern die Schweine gehütet"[109] habe. Von Hegel redet heute kaum noch jemand, jedenfalls nicht in Religionsangelegenheiten. Heine hat-

---

mehr.", in: ders., Im Sog der Technokratie (= Kleine Politische Schriften; XII), Berlin 2013, 47–64, 62.

[109] H. Heine, Nachwort zum „Romanzero", in: ders., 1851–1855 (= Sämtliche Schriften in zwölf Bänden; XI), hg. v. K. Briegleb, München/Wien 1976, 179–186, 182.

te, wenn er von Hegel sprach, den Pantheismus vor Augen, der dem personalen Gott den Garaus gemacht hatte. Alles webt, verwirft und entwirft neu, und in diesem Weben wird erkannt, dass alles eins ist – und: dass alles nur dem Ziel zuarbeitet, dieses zu erkennen. Man muss schon reichlich zynisch sein, um auch noch Auschwitz zur Schädelstätte dieser Einsicht zu erklären. Dies zu riskieren, würde sich heute vermutlich niemand mehr trauen. Vielleicht würde Heine heutzutage zum entschiedenen Polemiker angesichts der Spiritualitätszentren, die dem Menschen zu einem wohlfühligen Einssein mit der Natur verhelfen wollen. Dem Schweigen ins Nichts, das der Tiefe des Seins korrespondieren soll, korrespondiert hier das diätetische Essen. Nichts gegen gutes, auch vegetarisches Essen. Aber dass die Preise solcher spirituellen Wellnessweekends horrend sind, lässt dann doch den Verdacht aufkommen, dass der Prophet Amos, der für die Armen und Verknechteten einstand, hier keine Rolle mehr spielt, sondern marktkonform, schließlich ist man gestresst und muss werktags funktionieren, Entspannung verschafft werden soll.

Nicht so Heine. Heine kann diesen weltangepassten, den weltseienden und deshalb harmlosen Gott nicht gebrauchen. Dieser willenlose, ohnmächtige, mit der Welt verwachsene Gott gähne ihn an. Und seine entscheidenden Sätze: „Um einen Willen zu haben, muß man eine Person sein, und, um ihn zu manifestieren, muß man die Ellbogen frei haben. Wenn man nur einen Gott begehrt, der zu helfen vermag – und das ist doch die Hauptsache –, so muß man auch seine Persönlichkeit, seine Außerweltlichkeit, die Allgüte, die Allweisheit, die Allgerechtigkeit usw. annehmen."[110] Heine ist knallhart. Er stellt ein Entweder – Oder auf. Wenn Gott interessant sein soll, für den Menschen, dem – um es

---

[110] Ebd., 183.

in Kombination von Darwin und Nietzsche zu sagen – nicht fest-
gestellten Tier, dann als Person. Der pantheistische Gott, der vom
Gott der Atheisten, den es bekanntlich nicht gibt, nicht unterschieden ist, jedenfalls im Ergebnis nicht, interessiert Heine
schlicht nicht mehr. Aber existiert Heines personaler Gott auch?

Gott – eine Unmöglichkeit?

Und damit ist der Bogen zum Anfang dieser Studie, zu Charles
Darwin, gespannt. Heine wusste noch nichts von der anthropologischen Theorierevolution, die sich heute mit dem Namen
Darwin verbindet. Dass es eine ziellose, nach faktischen Gesetzmäßigkeiten ablaufende Evolution geben könnte, deren eines
Produkt der Mensch ist, ahnte er noch nicht. Hätte dies seine
späte Konversion zum Gottglauben verhindert? Niemand kann
dies wissen. Zumal ja auch niemand die Möglichkeit ausschließen kann, dass ein Gott, ein freier Gott existiert, der eine Welt
wollte – und: der diese in ihre Entwicklung entließ, ohne zu
wissen, was sich in ihr entwickeln sollte. Und niemand kann
die Möglichkeit ausschließen, dass dieser Gott sehr achtsam reagieren würde, bis dahin, dass er sich auf Freies in Freiheit beziehen würde. Der christliche Glaube behauptet dies in seiner
Kernaussage, dass Gott selbst Mensch geworden sei, sich als
Mensch geoffenbart habe, wie er ist: grenzenlose, annehmende –
aber auch Gerechtigkeit wollende Liebe.

Auf die Frage der Denkmöglichkeit dieses Gottes werde ich
in der Abschlussstudie zur Allmacht Gottes noch kurz eingehen.
Das Ergebnis, so viel schon jetzt, wird ernüchternd sein. Die
Frage ist nicht zu entscheiden, und damit ist auch nicht zu ent
scheiden, ob die Hoffnung des Glaubens einen Grund hat.
Nachweisbar ist aber, dass der Mensch erlösungsbedürftig ist.

Als das „nicht festgestellte Tier" kann der Mensch sich dazu bestimmen, mehr zu ersehnen als das, was im Diesseits möglich ist – und dies, ohne das Diesseits zu verraten. Gerade wenn sich der Mensch aufs Diesseits bezieht, er der Erde treu bleibt, kann er sich dazu bestimmen, sich nicht abfinden zu wollen damit, dass es irreversibles Leiden und Schuld gibt. Und er kann sich dazu bestimmen, nicht akzeptieren zu wollen, dass jedes Glück nur von kurzer Dauer ist, es bereits im Erleben von dem Bewusstsein geprägt ist, dass es vergangen sein wird. Aus evolutiven Prozessen hervorgegangen, sich als ein Produkt der Evolution wissend, weiß der Mensch nicht nur um seine Vergänglichkeit, sondern auch darum, dass er aus einer blind und ziellos verlaufenden Evolution hervorgegangen sein könnte. Aber ist deshalb schon die Hoffnung auf den Gott Heines, der eine frappante Ähnlichkeit zum Gott des Amos, aber auch zu dem dieses Juden aus Nazareth, Jesus, aufweist, unsinnig?

Das Risiko des Glaubens eingehen – unvernünftig?

Ich meine entschieden nein. Die Hoffnung ist zu riskieren, weil sie alles andere als widervernünftig ist. Solange das, was als vernünftig gelten darf, nicht auf eine technologische oder ökonomische Rationalität eingeengt ist, im Begriff des Vernünftigen vielmehr das versammelt ist, was denkbar ist und einer universalisierbaren Menschensehnsucht entspricht, ist dieser Glaube das Vernünftigste überhaupt. Der Mensch entstammt biologisch-evolutiven Prozessen, aber: seitdem es ihn gibt, gibt es nicht mehr nur Natur, sondern auch Kultur. Doch jede Umformung von Natur und Kultur bleibt Stückwerk, zeigt bei aller Großartigkeit, dass der Mensch, dieses sehnsuchtsvolle und deshalb nach dem letzten Grund aller Wirklichkeit fragende Wesen, einmal ausgebrochen aus der Symbiose mit der Natur nicht mehr zur Ruhe kommt. Augustinus, der die westliche Kultur mit seinem verquasten, menschdenunziatorischen und erdverratenen Pessimismus tief infiziert, der das Christentum in eine bis heute anhaltende Krise gestürzt hat, weil er, um ja nicht Gott mit den Widrigkeiten der Welt belasten zu müssen, mit seinem Konstrukt einer Schuld aller in der einen Tat Adams die Erlösungsbedürftigkeit des Menschen auf die Sünde reduziert hat, so dass man fortan in allen Regungen des Menschlichen immer nur noch Sünde sah, hat ein großartiges Wort geprägt: „Unruhig ist unser Herz, bis es ruht in Dir."[111]

Dieses Wort bleibt. Augustinus war Kind seiner Zeit. Immer noch, heute noch Kind seiner Zeit zu bleiben, könnte Ausdruck der Verweigerung sein, sich denkend orientieren zu wollen. Die Welt des Augustinus ist vergangen.

---

[111] Augustinus, Confessiones, 37.

IV.
Warum ich immer noch Camus lese

Auch künftig

In seinen autobiographischen Erinnerungen *Mein Weg zur Philosophie* hat Hans Michael Baumgartner die „kritische Philosophie in der Tradition Kants … als Platzhalter einer Weltsicht" charakterisiert, „die nicht auf billige Weise Versöhnung" verspreche. Eine solche Philosophie wende sich „gegen Philosophien der großen Sprüche, aber auch gegen allzu schnelle, vermeintlich wissenschaftlich begründete Weltanschauungen, nicht zuletzt auch gegen den Skeptizismus als angeblich allein noch mögliche philosophische Letztposition."[112] Ich will freimütig gestehen, dass mir immer wieder Sätze ans Herz gehen. Diese zum Beispiel. Sie sind nicht nur authentisch, weil sie spüren lassen, dass die „allem endlichen Leben anklebende Traurigkeit" (F.W.J. Schelling)[113] in sie eingegangen ist. Sondern sie sind auch das Ergebnis eines Stückes harter Arbeit, einer sich immer wieder neu an der Tradition des philosophischen Denkens abarbeitenden Reflexion über die Grenzen dessen, was mit begründeter Gewissheit zu wissen ist. Deshalb mahnen sie auch zu Recht, nicht ein Wissen zu behaupten, welches keines ist. Und sie war-

---

[112] H. M. Baumgartner, Mein Weg zur Philosophie. Autobiografische Erinnerungen, in: ders., Ist der Mensch absolut vergänglich?, Bonn 1998, 33–43, 42.
[113] F.W.J. Schelling, Philosophische Untersuchungen über das Wesen der menschlichen Freiheit und die damit zusammenhängenden Gegenstände. Mit einem Essay von W. Schulz, Freiheit und Geschichte in Schellings Philosophie, Frankfurt 1975, 91.

nen davor, die Skepsis zu ästhetisieren oder gar in ein ironisierendes Welt- und Selbstverhältnis zu treten.

In seinen Überlegungen zu einer *Skeptischen Religionsphilosophie* hat Heinz Robert Schlette vermerkt, dass nicht zu verhindern sei, dass eine solche „zu einer Kritik der Pietät" werde, die Ausdruck einer „Religion des Einverständnisses mit allem, was ist und geschieht, eine[r] Religion der Sicherheit und Geborgenheit, eine[r] Religion des nicht selten sehr redseligen, aber auch des schweigenden Vertrauens" ist.[114] Gewidmet ist das Buch Jean Améry, dem Überlebenden des grauenhaften Mordens am jüdischen Volk, dem, der bis zu seinem Tod mit der Frage, warum er überlebt hat, gekämpft und der sich schließlich das Leben genommen hat. In der Auslegung der Bitte aus dem Vaterunser *und erlöse uns von dem Bösen*, immer wieder gebetet, erinnert Schlette, wie ein Vater in Treblinka auf dessen Bitte hin seinen eigenen Sohn erhängt, weil dieser die Angst vor dem gewissen Tod nicht mehr aushält, und dann das Totengebet anstimmt. Als der Sohn nurmehr murmelt: „Es gibt keinen Gott", antwortet der Vater ihm „liebevoll": „Doch, mein Sohn". Und er fügt hinzu: „aber wir begreifen ihn nicht". Schlette kommentiert diese Überlieferung eindringlich. Man könne zunächst nur wünschen, dass solche Prüfungen Menschen erspart blieben. Und: „Wenn es zutrifft, daß der ‚Gott' so sehr verschwunden ist …, daß er nur im Verlangen, postulierenden Protest gegen diesen Weltzustand noch erhoffbar ist als der oder das ‚Andere' …, dann gibt es allerdings schlimmere Prüfungen als jene, in die der traditionelle Glaube geraten kann"[115]. Der Glaube kann pietätlos vor dem geschundenen Le-

---

[114] H.R. Schlette, Skeptische Religionsphilosophie. Zur Kritik der Pietät, Freiburg 1972, 20f.
[115] Ebd., 112f.

ben werden. Auch das Gebet. Schlette folgert aber nicht, dass sich die Bitte, der Wunsch nach einem rettenden Gott erledigt hätte. Zwar „verstehen wir nichts, doch wünschen wir alles, müssen dem Sinn des Wünschens wiederum vertrauen – nicht ohne Grund, nicht blind, sondern weil die Wünsche zu uns gehören und immer neu uns fortreißen, wenn wir sie nicht in Verzweiflung ersticken." „Projektionen", sinniert Schlette, möglich, seinetwegen, „aber begründet in den lautersten Wünschen unseres Selbst."[116]

Metaphysische Revolte aus Liebe

Wenn ich Camus lese, so bin ich schnell irritiert. Dies gilt, seitdem ich ihn überhaupt lese. Und dies reicht bis in die Schulzeit zurück. Immer wieder greife ich bis heute zu ihm, mit einer – ich möchte es einmal so umschreiben – beunruhigten Faszination. Beim Lesen Camus' beschleicht mich immer wieder die Frage, ob er, der so leidenschaftlich für die Idee der Humanität eintrat, für möglichst große Gerechtigkeit stritt, das Christentum vielleicht doch redlich zu Ende gedacht haben könnte. Nicht dass er mich in Bezug auf ein allzu gewisses Wissen vom Absoluten noch hätte verunsichern müssen. Dass der letzte Grund aller Wirklichkeit philosophisch nur noch anzunähern ist, sich jedoch nicht hinreichend begründen lässt, ob dieser Grund ein frei verfügender oder aber ein gegen sich selbst blinder ist und deshalb auch nur der Abgrund für alles Differenzierte sein kann, hatte ich rückblickend wohl schon früh erahnt. Die dann intensive Beschäftigung mit Kant hat mich Abstand zu einer Philosophie des Absoluten halten lassen, auch wenn sich bei Kant,

---

[116] Ebd., 114.

Fichte und Schelling in bis heute gültiger Weise studieren lässt, dass ein Denken, das den Blick von der Geschichte und deren Abgründen nicht wegwendet, sich notwendig auf die Grenze des Denkbaren und damit auf das, was sich dann seinerseits durch Unbedingtheit auszeichnet, zubewegt. Und genau diese Dynamik, die das Denken notwendig erfasst, wenn es überhaupt zu fragen beginnt und dabei die konkreten Nöte der Existenz nicht außen vor lässt, ist bei Schlette zu studieren. Und ich hoffe, ihm nicht zu nahe zu treten, wenn ich formuliere: Sein Denken widmet sich immer auch dem Versuch, an Camus die Menschlichkeit des Glaubens zu bewähren. Denn vielleicht gibt es für christlich-religiöse Menschen keine größere Provokation als den so leidenschaftlich das Leben liebenden und gerade deshalb metaphysisch revoltierenden Camus.

Gemeinsam gegen das Böse, aber

In seiner im Jahr 1948 im Dominikanerkloster von Latour-Maubourg gehaltenen Rede hat Camus erklärt, er fühle sich „nicht im Besitz irgendeiner absoluten Wahrheit oder einer Botschaft." Deshalb werde er auch „niemals vom Grundsatz ausgehen …, die christliche Wahrheit sei eine Illusion, sondern nur von der Tatsache", dass er „ihrer nicht teilhaftig zu werden vermochte". Aus diesem Grund werde er auch nicht versuchen, sich „als Christ zu gebärden". Mit Christen teile er „das Grauen vor dem Bösen". Aber ihre Hoffnung teile er nicht, auch wenn er nie aufhören werde, „gegen diese Welt zu kämpfen, in der Kinder leiden und sterben."[117] Die Redesequenz nimmt eine

---

[117] A. Camus, Der Ungläubige und die Christen, in: ders., Fragen der Zeit, Hamburg 1997, 60f.

Stelle aus *Die Pest* auf. Im vielleicht eindringlichsten Gespräch zwischen dem Arzt Rieux und dem Priester Paneloux bricht es aus dem Arzt heraus: „Ich habe eine andere Vorstellung von der Liebe. Und ich werde mich bis in den Tod hinein weigern, die Schöpfung zu lieben, in der Kinder gemartert werden." Der Pater, angesichts des Tobens der Pest zwar längst der theologischen Theodizeephrasen überdrüssig, die die Möglichkeit insinuieren, eine Rechtfertigung Gottes sei angesichts der Realitäten der Welt denkbar, indessen aber nur zynisch oder eben pietätlos gegenüber den Leidenden werden, hatte noch gemeint: „Aber vielleicht sollen wir lieben, was wir nicht begreifen."[118] Lieben – was wir nicht begreifen?

In einem späten Vorwort zu *Licht und Schatten* hatte Camus notiert, es gebe „keine Liebe zum Leben ohne Verzweiflung"[119]. Im Essay selbst spricht er von einer „verzehrende(n) Liebe zum Leben", die aber mit einer „geheimen Verzweiflung verknüpft"[120] sei. Es ist diese unbändige Liebe zum Leben, die Camus' Text den Ton verleiht. Nicht dem den Menschen Quälenden gilt freilich diese Liebe, sondern dem Faktum, überhaupt sein zu dürfen. „Ich hänge an der Welt mit meinem ganzen Tun, an den Menschen mit meinem ganzen Mitleid und meiner Dankbarkeit."[121] Deshalb gibt es auch Augenblicke des Glücks, des Einswerdens mit dem Leben an Tagen des Innehaltens. Aber es ist ein Augenblicksglück, das der Mensch als dieses zwar wohl nicht missen möchte, in das aber der Tod hineinragt. Und dennoch muss man sich Sisyphos als einen glücklichen Menschen vorstellen. Der Übergang in die Religion aber verbietet sich für Camus. Die

---

[118] A. Camus, Die Pest, Hamburg 1984, 177.
[119] A. Camus, Licht und Schatten, in: ders., Literarische Essays, Hamburg 1973, 18f., auch 68.
[120] Ebd., 74. Das diesem Essay vorangestellte Motto von Camus findet sich ebd.
[121] Ebd., 73.

Welt wird als Welt bejaht, weil sie Menschen möglich sein lässt, nicht mehr jedoch als Schöpfung eines Gottes. Mich bewegt an der gerade erwähnten Stelle aus *Die Pest* noch etwas anderes. Unmittelbar im Anschluss an den Ausbruch Rieux', der nicht mehr bereit ist, sich, wie noch der biblische Hiob, dem Schöpfergott zu unterwerfen, sondern sich hartnäckig empört, auch wenn er vor Müdigkeit durch den Kampf gegen die Seuche kaum noch kann, spricht Paneloux von der Gnade: „Ach, Herr Doktor", entgegnet er, „eben habe ich erfahren, was Gnade heißt."[122] Paneloux sagt dies traurig. Weil es zu den „lautersten Wünschen" der Gläubigen gehören sollte, dass auch andere trotz allem noch auf Gott zu setzen vermögen? Ihnen diese Erfahrung von Gnade möglich ist? Und dass sich Traurigkeit einstellt, weil so viele Menschen dies nicht vermögen?

Weltlichkeit der Welt – nominalistische Ursprünge

Ich komme auf die Frage zurück. Die Erfahrung des Entzogenseins von Gnade, ihres Vermissens oder gar der Verdacht ihrer Nicht-Existenz hat womöglich mit etwas zu tun, was in der Logik des christlichen Glaubens selbst angelegt ist. In dieser Logik ist die Welt nicht Gott, auch wenn sie sich seinem freien Willen verdankt. Der Glaube selbst säkularisiert die Welt, nicht um sich von ihr zu distanzieren, sondern um ein freies Verhältnis zwischen Gott und Mensch denken zu können. Was unter Säkularisierung zu verstehen ist oder aber verstanden werden könnte, ist umstritten. Die Debatte kann hier nicht aufgenommen werden. Ich will mich ausschließlich auf die Frage konzentrieren,

---

[122] A. Camus, Die Pest, 177.

ob sich nicht ein bestimmter Prozess von Säkularisierung, der die Welt immer stärker autonom werden lässt, notwendig aus dem geglaubten Verhältnis Gottes zur Welt heraus entwickelt. Im christlichen Schöpfungskonzept verdankt sich die Faktizität der Welt ausschließlich dem Willen und der sich so ausdrückenden absoluten Freiheit Gottes. Aber nicht nur dies. Gott entlässt die Welt so in ihre Weltlichkeit, dass er sie sich nach ihren eigenen Gesetzen entwickeln lässt. Welt ist nicht „das Feld, auf dem Menschen lediglich nachzuahmen, zu vollstrecken hätten, was aufgrund des göttlichen Naturkosmos der Griechen oder des mittelalterlich-christlichen Kreaturkosmos apriorisch in die Wirklichkeit eingeschrieben ist, sondern umgekehrt ist Welt als Welt, als Natur das Material, das dem Menschen zur Verfügung steht und das er kraft seiner Vernunft und seiner Potenzen zu gestalten vermag." Und damit sei die Welt „als Geschichte zugleich jenes Geschehen, das der Mensch verantworten muß und in dem er aufzudecken und erst zu finden hat, was das dem Menschen Gemäße, das Humane oder – mit den traditionellen Chiffren gesprochen – was als das Wirklichkeitsgemäße zugleich das Wahre und Gute ist."[123] Wenn diese Weltsicht, die in der historischen Rekonstruktion mit der nominalistischen Dekonstruktionsarbeit an essentialistisch-weltorganisierenden Allgemeinbegriffen einsetzt, als Prozess der Säkularisierung beschrieben wird, dann verdankt sich dieser Prozess des Weltlichwerdens der Welt urbiblischen Intuitionen. Denn indem sich hier ein Monotheismus ausbildet, der Gott als Geschichtsgott denkt und der die Freiheit des Menschen hochschätzt, werden Welt und Natur zugleich entdivinisiert. Nachhaltig gebremst wurde die Entwicklung dieses Monotheismus durch die Begegnung mit der griechischen Gedankenwelt. Denn wird das Göttliche als das schlechthin Eine gedacht, als das

---

[123] H.R. Schlette, Aporie und Glaube, München 1970, 328f.

die Welt durchgestaltende Seinsprinzip, so wird anamnetische Nachahmung zur Bestimmung des Menschen. Der von Schlette erinnerte Nominalismus ist deswegen auch keineswegs nur als eine historische Epoche zu behandeln. Oder gar in seiner historischen Variante zumal des 14. Jahrhunderts als Auftakt einer Verfallsgeschichte zu erledigen.[124] Kant wird den Nominalismus als das zur Geltung bringen, was er über seine historische Variante hinaus darstellt, nämlich als die Einsicht, dass die Allgemeinbegriffe strukturgebende Begriffe endlicher Vernunft sind, denen „unsere Sprache und unser Erkennen ... nicht entraten kann"[125]. Die Betonung liegt auf dem *kann*. Die zumindest spezifisch menschliche Rationalität sucht immer nach verallgemeinerbaren Aussagen – oder aber sie höbe sich ins Schweigen auf.

Schelling und die menschliche Freiheit

Schließt man sich dem an, so hat dies Konsequenzen. Verstehbar wird zunächst, warum die Lebensform des Menschen, die sich in einer Welt der Gründe um ihrer Freiheit willen bewegen will, notwendig das oder ein Absolute/s denkt. Die sich als Vernunft vollziehende Freiheit zielt auf das schlechthin Unbedingte, weil sie selbst unbedingt ist und sie deshalb über alles Endliche hinauszufragen vermag. Es ist ihr eigenes Wesen, das sie hierzu nötigt. Zugleich macht es das Eigentümliche der Freiheit aus, dass sie nur ist, *wenn* sie sich tatsächlich als Freiheit vollzieht. In seiner Schrift *Über das Wesen der menschlichen Freiheit* hat

---

[124] So Benedikt XVI., in: K. Wenzel, Die Religionen und die Vernunft. Die Debatte um die Regensburger Vorlesung des Papstes, Freiburg 2007.
[125] H.R. Schlette, Aporie und Glaube, 33.

Schelling nicht nur darauf bestanden, dass er erst mit Kant und der mit ihm einsetzenden Philosophie reflexiv eingeholt habe, was Freiheit sei. Freiheit kann, so Schelling, „nie durch etwas Vorhergehendes bestimmt seyn." Sie gehe vielmehr als „absolute Einheit" voraus, „die immer schon ganz und vollendet da seyn muß, damit die einzelne Handlung oder Bestimmung in ihr möglich sey." Damit sei „das Wesen des Menschen … auch wesentlich *seine eigene That*."[126] Aber selbstverständlich sind dies Bestimmungen an der existierenden Freiheit, die sich selbst nicht ins Dasein gesetzt hat. Sie reflektieren gleichsam die Bedingung der Möglichkeit von etwas, das, einmal in seiner Evidenz identifiziert, unhintergehbar ist, das Bewusstsein der Freiheit, welches als dieses gegen den Zweifel an der Realität der Freiheit auch nur durch diese selbst vergewissert werden kann. Weil aber der Mensch die „Bedingung" seiner Existenz „nie in die Gewalt bekommt", er trotz des selbstursprünglichen Wesens seiner Freiheit um die radikale Kontingenz und Zerbrechlichkeit seiner Existenz und der alles anderen Endlichen weiß, sich selbst und alles andere aus einem setzenden Grund hervorgehen und wieder absterben sieht, zeichnet sich in das Leben eine melancholische Grundstruktur ein. Schelling spricht von einer, ich hatte es bereits erwähnt, „allem endlichen Leben anklebende(n) Traurigkeit". Daher stamme dieser „Schleier der Schwermuth, der über die ganze Natur ausgebreitet ist, die tiefe unzerstörbare Melancholie alles Lebens."[127]

Allerdings bleiben diese Überlegungen Schellings zum Wesen der menschlichen Freiheit noch eingebunden in ein Denken, das die Wirklichkeit des freien und vollkommenen Gottes setzt. Schelling treibt den Gedanken der Freiheit Gottes in der Frei-

---

[126] F.W.J. Schelling, Über das Wesen der menschlichen Freiheit, 76.
[127] Ebd., 91.

heitsschrift so weit, dass er eine Selbstaffirmation Gottes bezogen auf den in ihm vorhandenen Grund seiner selbst denkt, damit Gott Persönlichkeit sein könne und nicht eine Dunkelheit in und damit für Gott selbst vermutet werden müsse.[128] Auffällig an der Schrift ist aber, dass sie sich unberührt zeigt von den abgründigen Reflexionen über die Möglichkeit und Unmöglichkeit eines Gottesbeweises, die Kant in der *Transzendentalen Dialektik* der *Kritik der reinen Vernunft* anstellt. Zwar wird man Schelling zustimmen müssen, dass dann, wenn man überhaupt Freiheit zu thematisieren und sich einen reflexiven Begriff von ihr zu bilden beginnt, dies auch erfordert, diesen „mit dem Ganzen der Weltsicht"[129] zusammenzudenken. Eine solche Weltsicht konzipiert Schelling in der Freiheitsschrift durch eine affirmativ-kritische Aufnahme des Systemdenkens Spinozas. Nicht sei dieses „System ... Fatalismus, weil es die Dinge in Gott begriffen sein läßt". Der Fehler seines Systems liege „keineswegs darin, daß er die Dinge *in* Gott setzt, sondern *darin*, daß es Dinge sind."[130] Da Schelling aber evidenzbasiert die menschliche Freiheit als wirklich setzt, ist für ihn auch Gott als Leben und damit als Freiheit zu bestimmen. Andernfalls wäre für Schelling Gott nicht als der Urgrund von allem zu denken. Aber hier meldet sich auch die Rückfrage an.

---

[128] Ebd., 91: „Alle Existenz fordert eine Bedingung, damit sie wirkliche, nämlich persönliche Existenz werde. Auch Gottes Existenz könnte ohne eine solche Bedingung nicht persönlich sein, nur daß er diese Bedingung *in* sich, nicht außer sich hat. ... Auch in Gott wäre ein Grund der Dunkelheit, wenn er die Bedingung nicht zu sich machte, sich mit ihr als eins und zur absoluten Persönlichkeit verbände."
[129] Ebd., 35.
[130] Ebd., 44.

Gott – bleibender Abgrund für die Vernunft

Die menschliche Freiheit vermag in der Tat ihre Realität ausschließlich über ihren Vollzug zu vergewissern. Transzendentallogisch ist deshalb im Begriff der Freiheit das Moment der Selbstursprünglichkeit zu denken, welches zugleich ihre formale Unbedingtheit einschließt. Die sich so reflexiv werdende Freiheit sieht sich nun aber vor das Problem gestellt, den letzten Grund aller Wirklichkeit bestimmen zu wollen, dies jedoch nicht mit hinlänglicher Sicherheit zu vermögen. Kant hatte eindringlich vorgeführt, wie „die unbedingte Notwendigkeit, die wir, als den letzten Träger aller Dinge, so unentbehrlich bedürfen, ... der wahre Abgrund für die menschliche Vernunft" darstellt. Die, so Kant, „größte Vollkommenheit, wie die kleinste, schwebt ohne Haltung von der spekulativen Vernunft, der es nichts kostet, die eine so wie die andere ohne die mindeste verschwinden zu lassen."[131] Notwendig zu denken, so wird Schelling in den *Vorlesungen über die Philosophie der Offenbarung* später erschließen, ist zwar ein notwendig Existierendes. Denn da etwas existiert, muss auch etwas notwendig existieren. Dass aber „ein solches Wesen existiert", das im Begriff des freien Gottes gedacht wird, ist nicht mehr als „die bescheidene Äußerung einer erlaubten Hypothese." Einen solchen Gott mit Notwendigkeit anzunehmen, käme jedoch der „dreiste(n) Anmaßung einer apodiktischen Gewißheit" gleich.[132] Zwar erklärt sich, warum die den notwendig zu denkenden letzten ‚Grund' aller Wirklichkeit reflektierende Vernunft diesen als Freiheit zu qualifizieren trachtet. Es sind Reflexionen aus dem beschädigten Leben, die Menschen diesen Gott so bestimmen lassen.

---

[131] I. Kant, Kritik der reinen Vernunft (= WA; II), Frankfurt 1974, B 641.
[132] Ebd., B 640.

113

Denn nur ein Gott, der den Tod zu töten vermag (Hermann Krings)[133], lässt im Blick auf das Vergangene und den kommenden Tod nicht verzweifeln. Aber allein, so Habermas, darin Kant und Adorno folgend, „(u)nser Bedürfnis, nicht verzweifelt zu sein und auch unter der Herrschaft der Zeit die Aussicht auf Glück zu erhalten, ist kein ausreichender Grund dafür, daß die Philosophie eine *zuversichtliche* Auskunft erteilt."[134] Man mag den das Zeitkontinuum unterbrechenden Rettergott postulieren. Und da er als Hypothese erlaubt ist, darf sich der Mensch auch drängen, dies zu tun. Aber dieser Gott bleibt ein Postulat. Eine Gewissheit über seine Existenz ist unter den Bedingungen endlicher Vernunft nicht zu erzeugen. Aber auch noch im Postulierten lodert die Revolte. Denn sollte dieser Gott existieren, so ist er sogleich wieder mit der Anklage belastet, die die Erfahrung des Leids gegen ihn aufbringt.

Welt ohne Transzendenz

Camus' metaphysische Revolte bewegt sich über diesem Abgrund eines Noch-Hoffens und einer abschließenden Verabschiedung der Hoffnung. Sie widersetzt sich Gott, der der Unglaubwürdigkeit bezichtigt wird, aber sie verweigert sich auch Friedrich Nietzsches Rehabilitierung der Unschuld des Werdens, die auf eine absolute Affirmation jenseits einer, wenn

---

[133] Vgl. H. Krings, Von der Freiheit Gottes, in: O. Höffe/A. Pieper (Hg.), F.W.J. Schelling. Über das Wesen der menschlichen Freiheit (= Klassiker Auslegen; 3), Berlin 1995, 173–187, 187: „Gott offenbart sich als der, der den Tod tötet."

[134] J. Habermas, Kommunikative Freiheit und negative Theologie, in: E. Angehrn u. a. (Hg.), Dialektischer Negativismus. Michael Theunissen zum 60. Geburtstag, Frankfurt 1992, 15–34, 31.

auch nicht mehr metaphysisch-theologisch abgesicherten, aber dennoch gewollten Differenz von Gut und Böse hinausläuft. In ihrer ersten, auf den Tod Gottes zielenden Bewegung war die Revolte für Camus „nur Protest gegen die Lüge und das Verbrechen des Lebens." Nietzsches „Ja" aber, so Camus, „uneingedenk des ursprünglichen Neins, leugnet die Revolte selbst zu gleicher Zeit, da es die Moral ablehnt."[135] Man kann auch diesen Vorgang als Säkularisierung bezeichnen. Camus hat dies nach Schlette getan: „Der entscheidende Schritt, den er (Camus, M.S.) den Geist der Revolte tun läßt, besteht darin, ihn von der Verneinung des Ideals zur Säkularisierung des Ideals überspringen zu lassen. Da das Heil sich nicht in Gott vollzieht, muß es sich auf Erden vollziehen."[136]

Uwe Timm hat in seinen Frankfurter Poetikvorlesungen *Die Pest*, welche an ihrem Ende auf eine „Welt ohne Transzendenz"[137] verweist, mit der Botschaft der Johannes-Apokalypse kontrastiert. Nicht mehr wird, wie noch im letzten Buch des Neuen Testaments, ein ewiges Leben in Aussicht gestellt. Die Welt ist gottlos geworden: „Keine Tröstung, kein Leben in Wahrheit und Erleuchtung. Sinn kann allein in der Auflehnung gegen Tod und unnötiges Leid gefunden werden, dem diesseitigen Versprechen der Französischen Revolution von Freiheit, Gleichheit, Brüderlichkeit."[138] *Diese* Moderne ist keineswegs einfach profan im Sinn von beliebig oder gar banal. Sie weiß, wofür es sich zu kämpfen lohnt: für mehr Gleichheit in den Beziehungen, möglichst große Gerechtigkeit und in allem für möglichst große Freiheit, damit zumindest immer wieder neu

---

[135] A. Camus, Mensch in der Revolte, Hamburg 1983, 65.
[136] Ebd., 66.
[137] U. Timm, Vom Anfang und Ende. Über die Lesbarkeit der Welt, Köln 2009, 126.
[138] Ebd., 126f.

das Glück des gelebten Augenblicks möglich wird. Aber das auf das Diesseits begrenzte Glück weiß um seine Vorläufigkeit, muss sich am Augenblick genügen.

Naturalisierend gesprochen, ist der Mensch das Tier, das deshalb, weil es in einem reflexiven Selbstverhältnis existiert, trostbedürftig geworden ist. Über lange Zeit konnte in den westlich geprägten Kulturen der Glaube an den Schöpfergott, der in seinen Anfängen auf alles andere als auf kosmologische Spekulationen über den ersten Anfang abzielte, diesen Trost gewähren. Entfällt dieser Glaube, so bleibt nur noch der Ursprung dieser Bedürftigkeit – die Erfahrung der harten Faktizität. Und mit dieser Erfahrung verbindet sich die Frage, warum man gewollt gewesen sein könnte. Hans Blumenberg hat versuchsweise den Menschen als *„das gewollt sein wollende Wesen"* definiert. Der Mensch sei „das Wesen, dem es unerträglich werden kann, durch den nacktesten aller Zufälle zu existieren."[139] Genau diese Ahnung, womöglich doch nur das von keinem Gott gewollte Wesen und damit ein nackter Zufall unter den vielen anderen Zufällen der einen Evolution des Lebendigen zu sein, einem Finale ins Nichts entgegengehen zu müssen, scheint die Stimmung einer Moderne zu sein, die es sich weder erlaubt, sich in der reinen Profanität zu suhlen, noch einem religiösen Ästhetizismus huldigt, der vor allem seine eigene Tiefe beraunen muss, um auch nur ja nicht in die Falle seiner semantischen Leere zu laufen. Sich dieser härtesten aller Möglichkeiten zu stellen, metaphysisch nackt zu sein, bedeutet nicht – man kann es den religiös Ungebrochenen gegenüber nicht häufig genug wiederholen –, keine Glückserfahrungen mehr machen zu können. Auch gibt es das tröstende Wort. Für Timm ist es der neue „Be-

---

[139] H. Blumenberg, Beschreibung des Menschen. Aus dem Nachlass hg. v. M. Sommer, Frankfurt 2006, 639.

rufszweig der Beerdigungsredner", der signifikant für die Gegenwart steht. Er sorgt dafür, dass die „transzendental Obdachlosen
nicht einfach sich selbst überlassen bleiben"[140]. Aber er verschweigt auch die eine harte Möglichkeit nicht: dass das Ende
ein Verlöschen sein könnte.

Davon überzeugt zu sein, dass kein menschenachtsamer Gott
existiert, bedeutet, ohne doppelten Boden leben zu müssen. Die
Pest wird zum Normalfall. Denn „was heißt das schon, die
Pest?", sinniert Grand im letzten Gespräch mit dem Arzt Rieux.
„Es ist das Leben, sonst nichts."[141] In einem Interview im Jahr
1959 hat Camus, bezogen auf sich selbst, gesagt: „Ja. Ich habe
einen Sinn für das Heilige, und ich glaube nicht an ein zukünf-
tiges Leben; das ist alles."[142] Das Heilige, das ist für Camus das
Leben selbst. Und was ist mit der Gnade, von der der Priester
Paneloux gegenüber dem Arzt Rieux spricht?

Sich dem Leben aussetzen – und glauben

Es gibt auch eine Moderne, die sich der Melancholie aussetzt,
indem sie einerseits das Glück als solches genießt, zugleich jedoch seine Zerbrechlichkeit, seine Endlichkeit nicht verdrängt
und gerade deshalb an der Gottesoption festhält. Damit zeigt
sie sich sensibel für das zerbrochene Leben, das danach verlangt,
dass die Geschichte offengehalten wird. Eine solche Moderne
sucht weiterhin, aus dem Glauben an die Gnade, die Gott selbst
ist, zu leben. Als christlich-theologischer Begriff setzt der Begriff

---

[140] U. Timm, Vom Anfang und Ende, 59.
[141] A. Camus, Die Pest, 249.
[142] Ein paar Fragen in Prousts Manier. Ein spätes Interview mit J.-C. Brisville
(1959). Wieder abgedruckt in: du. Die Zeitschrift für Kultur 1992, Heft 6,
19 f., 20.

der Gnade die Wirklichkeit nicht nur eines unbestimmten Transzendenten, sondern des menschenzugewandten Gottes voraus. Wenn aber das notwendig zu denkende notwendig Existierende und damit das Absolute philosophisch nicht mit hinlänglicher Gewissheit als dieser Gott auszuweisen ist, so bleibt die Behauptung der Erfahrung der Gnade schlicht eine Behauptung. Ihr liegt die Interpretation einer Erfahrung zugrunde, die schon als solche notwendig strittig bleibt. In der *christlichen* Glaubenslogik kommt ein Drittes hinzu: Nicht nur bleibt erstens die Existenz Gottes als solche ungewiss, nicht nur gibt es zweitens auch für die Logik des Glaubens keinen Ausgang aus der unsicheren Welt der eigenen Interpretationen. Sondern drittens wagt der christliche Glaube über die jüdischen Erzählungen von Gnadenerfahrungen hinaus die Behauptung, dass der Jude Jesus die singuläre Inkarnation des einen Gottes war, Gott selbst deshalb nicht mehr ohne die Bestimmung Christus zu denken ist. Objektiv evident ausweisbar ist dies aber nicht. Selbst wenn Gott als existent geglaubt wird, so bleibt der Zweifel, ob dieser Mensch wahrhaft Gottes Sohn war. Freilich bleibt nicht nur die Behauptung dieser Gnadenerfahrungen strittig. Da sie sich auf ein nicht sichtbares Gegenüber beziehen, sind sie es prinzipiell.

Gnadenerfahrung – geschichtlich vermittelt

Die Erfahrung der Gnade ist somit konstitutiv an geschichtliche Erfahrungen gebunden, bleibt strittig, und sie bleibt damit trotz ihres universalen Gehaltes notwendig partikular in ihrer Erfahrbarkeit. Zwar kann man theologisch sagen, dass ein jeder Mensch immer bereits das von Gott gesuchte und deshalb auch begnadete Geschöpf ist. Und dies ist das besondere Verdienst Israels: überhaupt auf die Idee gekommen zu sein, dass der zunächst nur auf es selbst als das auserwählte Volk bezogene Gott der Gott aller Völker sein will. Um auf diesen Gott setzen zu können, bedürfen Menschen glaubwürdiger Erfahrungen mit den Erfahrungen anderer Menschen, letztlich mit den Erfahrungen der Menschen, die nach dem Tod Jesu, nach einer Krise von Angst und Enttäuschung, den Hingerichteten doch noch als den Auferweckten verkündigten.

Erfahrungen von Gnade sind somit radikal durch Geschichte vermittelt, und sie sind und bleiben zerbrechlich. Sie unterstellen die bleibende Gegenwart eines Gottes, der in der Freiheit des Menschen Resonanz und Akzeptanz zu finden sucht. Aber: Solche Erfahrungen werden immer wieder erschüttert durch das, was sie zugleich ermöglicht – das Leben. Ohne das Leben zu lesen, wird die Rede von der Gnade zynisch. Deshalb lese ich auch weiterhin Camus. Allerdings bin ich auch immer wieder irritiert darüber, dass dieser in moralischen Angelegenheiten so Unbestechliche sich doch auch immer wieder von der Sehnsucht nach einer mittelmeerischen Existenz, nach einem unvermittelten Einssein, nach einem schlichten Da-sein hat einfangen lassen. Man kann verzweifeln, wenn die Möglichkeit des Gottglaubens wegbricht. Eine Alternative zu ihm gibt es nicht, solange am Erlittenen als einem festgehalten wird, das unabgegolten ist, nach Versöhnung und Trost schreit.

V.
Allmächtiges Scheitern?

Gott und die menschliche Freiheit

Leicht ist sie behauptet, die Allmacht Gottes. Allerdings stellt die Rede von ihr vor erhebliche Denkprobleme. Und sie ist, historisch betrachtet, auch keineswegs immer selbstverständlich gewesen. Erst als der Glaube Israels sich vor gut zweitausend Jahren nochmals pluralisierte, will sagen: Gruppierungen aus dem Judentum zu der Überzeugung gefunden hatten, dass Gott selbst in der Person Jesu anwesend gewesen sei[143], dieses Ereignis der Menschwerdung Gottes soteriologisch von universaler Bedeutung sei und man, erfüllt von diesem Glauben, nun mit Vehemenz in den antiken Kulturraum eindrang, wurde die Frage virulent, wie weit die Macht Gottes eigentlich reiche. Im Monotheismus Israels war es zunächst immer nur um die Geschichtsmacht Gottes gegangen. Wer als Gott mit seinem Volk unterwegs ist, ein Gott, von dem man sich Stärkung und Hilfe erhofft, dem muss Macht zugesprochen werden. Dieser Gott muss mächtiger sein als die anderen Regionalgötter. Und die

---

[143] Der Begriff der Selbstoffenbarung stand der damaligen ‚Theologie' (auch dies ein Begriff, dessen Bedeutung keineswegs feststeht und der historischen Variationen untersteht) selbstverständlich noch nicht zur Verfügung. Rekonstruiert man aber die christologisch-trinitätstheologische Lehrentwicklung in der alten Kirche, so lässt sie sich so verstehen, dass daran festgehalten werden sollte, was der Begriff der Selbstoffenbarung aussagt. Dies betrifft insbesondere die gegen die arianische Alternative getroffene Entscheidung auf dem Konzil in Nizäa, auf der Wesensgleichheit des Sohnes mit dem Vater zu bestehen.

Macht Gottes muss auch über den Tod gebieten können. Als dann im 2. Jahrhundert vor Christus die Makkabäerkriege tobten, rang man sich endgültig zum Glauben durch, dass Gott zumal die um seiner Gerechtigkeit willen Gemordeten nicht im Tod lassen würde. Es wurde die Auferweckungshoffnung ausgebildet. Aus ihr hatte, selbst wenn diese eschatologische Hoffnung kein Thema seiner Verkündigung war, auch Jesus von Nazareth gelebt, und mit der Hoffnung auf Auferweckung hatte sich bei ihm auch die Hoffnung auf „seine Rehabilitierung als Repräsentant der Gottesherrschaft"[144] verknüpft.

Aber ist Gott damit auch bereits aller, tatsächlich aller Wirklichkeit mächtig? Ist der geglaubte Gott nur des Todes mächtig oder aber ist er auch als Schöpfer von Himmel und Erde zu glauben? Gar als ein Gott, dem es nicht notwendig war, die Möglichkeit einer Welt zu realisieren?

Historische Erinnerungen

Die alte Kirche hat sich zu diesem Glaubenssatz durchgerungen. *Ex nihilo,* aus dem Nichts heraus habe Gott die Welt geschaffen. Und er habe sie nur deshalb geschaffen, weil er sie schaffen wollte. Nichts habe Gott dazu genötigt. Aller Wirklichkeit mächtig zu sein, wahrhaft allmächtig zu sein, schließt somit ein, auch aller Möglichkeit mächtig zu sein. Und daraus folgt, dass die faktisch existierende Welt nur deshalb ist, weil Gott sie wollte und sie zu schaffen vermochte. Und: dass er sie auch nicht aus der Möglichkeit in die Wirklichkeit hätte überführen müssen.

---

[144] Vgl. M. Theobald, Angefochtener Osterglaube – im Neuen Testament und heute, in: ThQ 193 (2013) 4–31, 21.

Allerdings ist es alles andere als zwingend, mit einem solchen allmächtigen Gott rechnen zu müssen. Zwingend anzunehmen wäre ein derartiger Gott, wenn keine Denkalternative möglich wäre, um das Weltganze in seiner Faktizität verstehen zu können. Zwar ist der Mensch in seinem Verstehenwollen der Welt, d. h. wenn er überhaupt beginnt zu fragen und dies mit Unbedingtheit tut, gezwungen, ein notwendig Existierendes zu denken. Denn es ist logisch unmöglich, dass ein Endliches sich aus sich selbst hervorgebracht haben könnte. Da es aber Endliches gibt, muss es auch etwas geben, das aus sich selbst heraus ist. Schlichter müsste man sagen, dass etwas ist, das Endliches ermöglicht. Aber was dieses an sich selbst ist, lässt sich nicht mehr mit absoluter Verlässlichkeit entscheiden. Nimmt man den Weltbegriff als Totalitätsbegriff, denkt man die Welt zugleich als anfanglos, so fällt die Notwendigkeit weg, den freien Gott als Grund der Welt denken zu müssen. Dies hätte dann zur Konsequenz, dass nichts, weder die Welt noch das Einzelne, also auch nicht der Mensch absichtsvoll hervorgebracht wäre. In der ersten Hälfte des 19. Jahrhunderts spitzen sich diese Diskussionen zu. Nicht von ungefähr war es Schelling, der – gegen Hegel – nochmals den freien Gott zu denken versuchte, aber daran auch scheiterte.[145] Verwundern kann dieses Interesse nicht. Schelling entwirft den Begriff einer Geschichte, der, so Jürgen Habermas, „die Not der geschichtlichen Existenz: Schmerz, Zerrissenheit, Zweifel, Anstrengung, Überwindung und Streit" zum Ausgangspunkt hat und damit bereits auf die nachidealistische Moderne verweist.[146]

---

[145] Zu dieser am späten Schelling orientierten Argumentation vgl. meine Analysen in: Nachwort zur Neuausgabe von Walter Kasper, Das Absolute in der Geschichte, Freiburg 2010, 605–619.
[146] J. Habermas, Das Absolute und die Geschichte. Von der Zwiespältigkeit in Schellings Denken, Bonn 1954, 9.

So forderte die Not der geschichtlichen Existenz zunächst den allmächtigen Gott, aber die Empirie seines Vermissens tat das Ihrige. Und so wurde der Glaube daran, der über viele Jahrhunderte selbst in den intellektuellen Eliten geteilt wurde, dass sich die Welt einem Ursprung verdanken müsse, der Gott genannt wird und der diese Welt aus Freiheit wollte, allmählich erschüttert. Was diesen Glauben zunächst provoziert hatte, die Erfahrung von Ungerechtigkeit und Elend, hat diesen Erschütterungsprozess maßgeblich vorangetrieben. Es ist das Theodizeeproblem, das bis heute die Frage aufwirft, ob nicht die Vorstellung eines in der Geschichte handelnden Gottes aufgegeben werden muss.[147] Und die Fragen brennen: Existiert wirklich ein Gott, der nicht nur im Anfang, als er schuf, mächtig war, sondern der seiner Schöpfung gegenüber auch bleibend allmächtig ist? Ein Gott, der mit starker Hand zu retten vermag und dies auch tut? Oder aber ist die Welt vielleicht als unendliche zu denken? Als eine unendlich sich entfaltende Welt, die auch zufällig das Phänomen hervorgebracht hat, das Mensch genannt wird? Zufällig, damit gerade nicht absichtsvoll, wie die monotheistischen Religionen mit ihrem Glauben an den einen Gott zu betonen nicht müde werden?

Doch ist auch immer wieder darauf hinzuweisen, dass es nicht allein das Theodizeeproblem war, das den Glauben an die Existenz des freien und allmächtigen Gottes in Frage stellt. Dass aber

---

[147] Vgl. K. Müller, Zum Rationalitätskonzept der Fundamentaltheologie. Analytische Rationalität und Letztbegründung aus der Theorie der Subjektivität, in: J. Meyer zu Schlochtern/R. Siebenrock (Hg.), Wozu Fundamentaltheologie? Zur Grundlegung der Theologie im Anspruch von Glaube und Vernunft, Paderborn 2010, 289–306, 300: So „verlegt die Theodizee jegliche Möglichkeit einer Beruhigung der Vernunft vor einem personalen Gott, der Geschichte macht, also auch Tsunamis und Kinder mit offenem Rückenmark etc. etc. zulässt."

das Denken sich so in Bewegung setzt, die Frage nach dem Ganzen aufwirft, daran scheitert, diese Frage entscheiden zu können, und so ihre existentielle Abgründigkeit erfährt, hängt mit der erfahrenen Not zusammen. Sei es die eigene, sei es die der anderen. Deshalb hatte ich gerade an Schelling erinnert. Seit dem 18. Jahrhundert hat die philosophische Vernunft gelernt, kritischer, und das heißt vorsichtiger gegen ihre ausgreifenden Ansprüche zu bleiben, ihre Grenzen strikter zu beachten. Zwingend ist die Annahme des freien, allmächtigen Gottes als Ursprungsgrund aller Weltwirklichkeit jedenfalls nicht. Zwar stößt, wer überhaupt beginnt, mit letzter Ernsthaftigkeit zu fragen, zwangsläufig auf die alte Frage: *Warum ist überhaupt etwas und nicht vielmehr gar nichts?* Warum der Mensch radikal fragt, hat unterschiedliche Gründe. Sicherlich ist auch die reine Neugierde mit im Spiel. Augustinus meinte zwar, die Neugierde, die *curiositas*, denunzieren zu dürfen. Nichts anderes als der Hochmut des Menschen spreche sich in dieser aus, und Hochmut wiederum sei nichts anderes als Ausdruck der Grundverkehrung des Menschen durch die Sünde.[148] Aber so einfach ist es wohl doch nicht. Zwar gibt es auch eine Neugierde, die auf ein *l'art pour l'art* hinausläuft. Die Frage nach dem *Warum überhaupt?* atmet aber einen ganz anderen Geist. Es ist eben die liebe Not mit der Existenz, die der Mensch hat, die ihn in diese Frage treibt. Und sie führt ihn leicht an die Grenze zur Verzweiflung. So kann man sie zwar existenzvergessen stellen, aber auch gerade deshalb, weil die Natur keine Gnade kennt und der Blick auf die Geschichte die moralisch Empfindlichen alles andere als beruhigt. Hier liegt der Glutkern der Frage nach dem Grund des Ganzen, und damit auch der Frage nach Gott. Die metaphysische Frage nach dem *Warum ist überhaupt etwas und nicht vielmehr gar nichts?* hat mithin dieselben Ursprünge

---

[148] Vgl. Augustinus, Confessiones, 98.

wie die Ausbildung der Auferweckungshoffnung. Und wie bereits angedeutet, brach ursprünglich der Glaube an einen allmächtigen Gott ja auch nicht im Rahmen kosmologischer Spekulationen auf. Es war die Erfahrung des Todes, der Anblick eines gen Himmel schreienden Unrechts, der den Glauben an einen aller Wirklichkeit, selbst noch des Todes mächtigen Gott aufkeimen ließ. Allerdings musste dieser Glaube, der letztlich eine Sehnsucht darstellt, sich intellektuell bewähren, als er dann in seiner christlich modifizierten Gestalt in die antike Welt eindrang.

An dieser Situation hat sich bis heute nichts verändert. Das verlangt die Redlichkeit des Glaubens, sich auch intellektuell aussetzen zu können, und schließlich will ein Glaube, der von sich überzeugt ist, andere für sich gewinnen, weil er das Leben trägt – und deshalb braucht er überzeugende Gründe. Zumindest aber darf es keine zwingenden Gründe gegen ihn geben. Sicherlich ist es zunächst einmal die Praxis des Glaubens, die fasziniert. Aber spätestens wenn der Zweifel einkehrt, ob der Glaube nicht doch auf zu tönernen Füßen steht, muss auch argumentiert werden. Deshalb wurde es bereits in der antiken Welt unausweichlich, sich den damaligen intellektuellen Debatten zu stellen. Und man begann, nun selbst zu philosophieren um des Glaubens willen. Dass sich Himmel und Erde der Schöpfermacht Gottes verdanken, war das Ergebnis dieser Spekulationen. Man wollte resolut die Freiheit Gottes denken. Und dann durfte dieser Gott nicht abhängig sein von einer ihm vorgeordneten, unabhängig von seiner Schöpferkraft existierenden Materie. Dass die Welt ewig sei, war aber eine der selbstverständlichen kosmologischen Annahmen in der antiken Welt. Als die im Dienst des Glaubens argumentierende Philosophie die Vorstellung einer Schöpfung aus dem Nichts entwickelte, revolutionierte sie die bis dato herrschenden kosmologischen Vorstellungen. Aber war eine Schöpfung aus dem Nichts auch denkbar?

Mangelnde philosophische Alternativen in der Antike

Ob es in der damaligen Zeit eine Philosophie gab, die einen freien Gott und in eins damit einen freien Menschen zu denken vermochte, steht auf einem anderen Blatt. Ich meine nein.[149] Bis heute lassen sich die Folgeprobleme beobachten. Wie etwa soll Gott allwissend sein können, wenn der Mensch tatsächlich frei ist? Dann kann er doch wohl kaum im strengen Sinn unfehlbar wissen, wie der Mensch sein Leben gestalten, er sich ethisch verhalten wird. Oder aber das Bewusstsein des Menschen, frei zu sein und sich tatsächlich in einem offenen Möglichkeitshorizont zu bewegen, Geschichte schreiben zu können, ist ein reines Scheinbewusstsein. Er meint dann nur, sich in Freiheit zwischen Alternativen entscheiden zu können, muss sich aber für eine bestimmte Alternative entscheiden, weil Gott bereits weiß, wie er sich ‚entscheiden‘ wird.

Die Aporie liegt auf der Hand. Eine göttliche Allwissenheit hat dieselben fatalen Konsequenzen für den Menschen wie der Naturalismus der Gegenwart, der alles zur Natur erklärt – mentale Phänomene auf die Biologie reduziert. Wenn der Naturalismus denn Recht hätte. Reicht es nicht aus, auf die Aktualität des Freiheitsbewusstseins zu verweisen, um dem Menschen die Würde zu sichern, tatsächlich Akte aus Freiheit zu setzen? Intentionale Akte, die auch nicht hätten gesetzt werden können? Und die damit auch niemand vorherwissen kann? Als die Leidenschaft für die Freiheit wie in kaum einer anderen Epoche hochgehalten wurde, ich meine die Zeit um 1800, als Kant mit seiner auf Freiheit setzenden Revolution des Denkens die intel-

---

[149] Siehe hierzu W. Pannenberg, Die Aufnahme des philosophischen Gottesbegriffs als dogmatisches Problem der frühchristlichen Theologie (1959), in: ders., Grundfragen systematischer Theologie 1, Göttingen ³1979, 296–346.

lektuellen Eliten elektrisierte, als es um moralische, bürgerlich-politische, um ästhetische Freiheit ging –, in dieser Zeit war zwar allen klar, dass die menschliche Freiheit eine endliche, immer auch begrenzte ist. Aber dass es sie überhaupt gibt, dass kein Argument sie zu widerlegen vermag, ja dass bereits jeder Versuch, sie zu widerlegen, die Phänomene verfehlt, war in dieser Zeit Konsens. Freiheit demonstriert sich ihre Wirklichkeit durch sich selbst, und sie kann sich ihre Wirklichkeit auch nur durch sich selbst demonstrieren. Andernfalls wäre sie nicht.

Ich kann diese Frage nach der Wirklichkeit menschlicher Freiheit hier nicht weiterverfolgen.[150] Lässt man aber das Denken bei ihr beginnen und drängt dieses dann auf Konsistenz, so ist an ihr auch festzuhalten, wenn es darum geht, das Verhältnis Gottes zur menschlichen Freiheit zu bestimmen. Präziser muss man sagen: Der Begriff Gottes ist dann so zu bestimmen, dass er es erlaubt, an der Wirklichkeit der menschlichen Freiheit festzuhalten. Erstaunlich ist, wie dies in der Alltagspraxis des Glaubens der Fall ist. In der gelebten Frömmigkeit hält man bis heute wie selbstverständlich daran fest, dass der Mensch frei sei, auch vor Gott. So setzt das Bittgebet ein Subjekt voraus, das bittet – und: Es setzt einen Gott voraus, der die Bitte vernimmt, der diese erhören und der ihre Erfüllung verweigern kann. Mithin muss auch Gott, an den sich die Bitte richtet, frei sein. Das Bittgebet adressiert sich somit notwendig an einen als frei geglaubten Gott, während der religiöse Dank sich nicht notwendig an jemanden richten muss. Der Dank für das Daseindürfen kann sich auch an das All-Eine richten, das dann das

---

[150] Bezogen auf den Naturalismus der Gegenwart vgl. Th. Nagel, Geist und Kosmos. Warum die materialistische neodarwinistische Konzeption der Natur so gut wie sicher falsch ist. Aus dem Amerikanischen von K. Wördemann, Berlin 2013.

Göttliche genannt wird; aber dieses Göttliche muss den Dank des Menschen nicht notwendig hören können.[151] In den biblischen Glaubensüberlieferungen aber ist der eine Gott, der Gott der Geschichte, ein freier Gott. Dies gilt auch unbeschadet der Frage, ob Gott wirklich so rettend den Geschichtsverlauf gelenkt hat, wie es etwa die Exodus-Erzählung behauptet. Denn es lässt sich ja denken, dass eine Befreiungserfahrung narrativ ausgearbeitet wurde als eine tatsächliche Intervention Gottes, ohne dass Gott tatsächlich in der ihm auf der Erzählebene zugeschriebenen Weise interveniert hätte. Dies schließt aber auch noch nicht aus, dass er der Geschichte prinzipiell mächtig wäre. Nur weil der geglaubte Gott seine Freiheit nicht betätigt, muss er noch nicht nicht existieren. Das Theodizeeproblem allerdings taucht dann in aller Schärfe wieder auf. Denn Nicht-Handeln ist bezogen auf ein Wesen, das sich durch Freiheit auszeichnet, Handeln. Aber daraus ist kein Nichtexistenzbeweis abzuleiten. Im biblischen Denken rechnet man mit diesem Gott, und deshalb hadert man auch mit ihm, eben weil man ihm Macht, allmächtige Freiheit unterstellt. Selbst wenn man mit realen Eingriffen Gottes gerechnet haben sollte, so bleibt die Erfahrung der Abwesenheit Gottes prägend.

Was aber im biblischen Denken noch mehr oder weniger selbstverständlich vorausgesetzt war, verwickelte sich in gedankliche Sackgassen, als man diesen Gott in den Philosophiesystemen der antiken Welt begrifflich zu fassen suchte. Das als schlechthin Eines gedachte Göttliche durfte nicht durch den Wechsel der Zeit verändert werden, musste deshalb auch jede Gegenwart immer bereits vor Augen haben. Dann aber kann

---

[151] So D. Henrich, Gedanken zur Dankbarkeit, in: ders., Bewußtes Leben. Untersuchungen zum Verhältnis von Subjektivität und Metaphysik, Stuttgart 1999, 152–193, 183, 192f.

in der Geschichte nichts geschehen, was dieses Göttliche nicht immer bereits weiß. Wo bleibt dann aber die Freiheit des Menschen? Konsequent zu Ende gedacht, gibt es diese dann nicht. Denn wenn es keine reale Möglichkeit gibt, zwischen Alternativen zu wählen, da Gott ja immer bereits in seiner Allwissenheit wissen muss, welche Alternative gewählt wird, so ist das Freiheitsbewusstsein ein reines Scheinbewusstsein. Und nicht nur das menschliche Bewusstsein von seiner Freiheit ist dann ein Scheinbewusstsein. Denkt man Gott auf der griechischen Linie, begreift man das Absolute als das schlechthin Eine und ewig in sich Ruhende, deshalb auch von keiner Geschichtszeit Betreffbare, so kann man diesem Absoluten eines nicht mehr zusprechen, nämlich Freiheit. Jedenfalls wäre dies keine Freiheit, die sich betreffen lassen könnte durch das Weltgeschehen, die zwar unterschieden zu denken wäre von der menschlichen Freiheit, die aber sehr wohl ihr ähnlich ist – die ein „Herz" hat, deren „Mitleid auflodert" und die ihren „glühenden Zorn" (Hosea 11,8f.) über menschliche Selbstgefälligkeit und Ungerechtigkeit dennoch nicht gegen den Menschen wendet, obwohl sie es könnte. Der biblische Gott mag überempfindlich sein, wie Hans Blumenberg, sensibel für die grundlegende Differenz zwischen dem biblischen und dem griechischen Gottdenken, angemerkt hat[152], so empfindlich, dass er schließlich daran stirbt, weil den Menschen die Ahnung beschleicht, dass dieser Gott seinen eigenen Maßstäben nicht gerecht wird, er deshalb nur eine Projektion des Menschen sein könnte, aber er ist in diesem Denken empfindlich. Man muss sich entscheiden. Ein in einer zeitlosen Ewigkeit existierendes schlechthin Eines, ein solches Absolutes, kann sich nicht auf Geschichte und Menschen in Freiheit beziehen.

---

[152] H. Blumenberg, Matthäuspassion, Frankfurt 1988, 19.

Theologisch ist diese Aporie immer noch nicht aufgearbeitet, und sie wird es wohl auch nur dann werden, wenn sich die Theologie konsequent auf das Freiheitsdenken einlässt und nun auch den Gottesbegriff in Kategorien der Freiheit entwickelt.[153] Grundsätzlich aber gilt, dass der Fehler, als das Christentum sich zu intellektualisieren begann, nicht darin lag, dass man überhaupt im Denken der damaligen Zeit philosophierte. Sondern dass man – und das ist bis heute zu beobachten – nicht entschieden genug den Gottesbegriff ausarbeitete und in diesem Sinn präzise philosophierte, was eben bedeutet: eine Denkform zu entwickeln, welche der göttlichen und der menschlichen Freiheit genügt. So viel Überzeugungswilligkeit und damit Konsistenz ist von der Theologie zu erwarten. Konsistent denken zu wollen, kann aber auch verlangen, Abschiede von theologischen Vorstellungen zu nehmen, die historisch geworden sind, sich aber unter veränderten Denkbedingungen nicht mehr mit Gründen vertreten lassen. Andernfalls verabschieden sich die, die wohl glauben möchten, aber auch intellektuell redlich bleiben wollen. Und damit schlage ich nochmals den Bogen: Es kann keine Allwissenheit Gottes geben, wenn der Mensch tatsächlich in der Lage ist, aus eigener Freiheit Akte zu setzen, die damit nicht notwendig sind. Gott kann dann nur deren Möglichkeit vorauswissen, nicht aber, ob diese auch realisiert wird.

Ich werde noch darauf zu sprechen kommen, deute aber bereits jetzt an, dass die Verabschiedung der Allwissenheit Gottes um der menschlichen, aber auch der göttlichen Freiheit willen gravierende Konsequenzen für die Frage hat, ob Gottes Handeln Grenzen gesetzt sind oder nicht. Es muss zunächst gedacht wer-

---

[153] Diese Möglichkeit setze ich hier voraus, ohne dies im Rahmen dieser Studien in angemessener Weise ausführen zu können. Vgl. aber insgesamt wegweisend Th. Pröpper, Theologische Anthropologie. 2 Bde., Freiburg 2011.

den können, dass der Glaube an den allmächtigen Gott nicht einschließen muss, diesen auch als allwissend zu glauben. Der Glaube an die Allmacht Gottes darf aber auch nicht mit dem Freiheitsbewusstsein des Menschen kollidieren. Freiheit muss sich durch sich selbst bestimmen können, darf auch nur alleinig ihr Bestimmungsgrund sein, oder aber sie ist keine Freiheit. Ist dann aber nicht die Rede von der Allmacht Gottes widersinnig?

Zwar erfordert der Begriff der Freiheit Gottes, ihm jede Möglichkeit zu unterstellen – bis dahin, dass er auch die Möglichkeit hat, die menschliche Freiheit aufzuheben, sie zu annihilieren. Aber warum sollte man dies auch nur in Erwägung ziehen angesichts der Achtsamkeit, die der biblische Gott für die menschliche Freiheit zeigt? Rechnet man allerdings nicht damit, begreift man Gottes Allmacht bezogen auf die Welt und die menschliche Freiheit so, dass er sich selbst daran bindet, diese ihren Eigenlogiken zu überlassen und d. h.: anderer Freiheit tatsächlich Freiheit lassen zu wollen, so steht die Möglichkeit eines Scheiterns Gottes in seiner Allmacht im Raum. Denn wenn Gottes Menschenfreundlichkeit universal ist, er aber nur in der freien Anerkennung durch den Menschen Gott, d. h. beglückende und alle Tränen abwischende Liebe für ihn werden kann, er aber eben dies will, er sich deshalb in seiner Allmacht beschränkt, so würde Gott in seinem Willen scheitern, wenn auch nur ein Mensch sich ihm verweigerte.

Verlust der Plausibilität

Allerdings waren es sicherlich nicht die Aporien, in die sich die christliche Theologie verstrickte, die breitenflächig dazu führten, dass der Glaube an Gott, soziologisch betrachtet, zumindest in den europäischen Gesellschaften in eine massive Krise geriet.

Dass Menschen in und trotz ihrer Sehnsucht nach Gott den alten Gott schließlich verabschiedeten, dürfte wesentlich damit zusammenhängen, dass die alte Geschichte vom Sündenfall und der göttlichen Satisfaktion immer mehr an Plausibilität verlor. Es begann ein stiller Verabschiedungsprozess, und dieser Prozess ist deshalb für die Überlieferung des Glaubens dramatisch, weil er theologisch und liturgisch nicht verarbeitet wurde. Er eskaliert in den intellektuellen Eliten bereits im 19. Jahrhundert. Das Erbsündendogma wird hier umgearbeitet. So hat Hegel den Sündenfall als den „ewige(n) Mythus des Menschen" bezeichnet, „wodurch er eben Mensch wird." Das Paradies sei ein „Park" gewesen, „wo nur die Tiere und nicht die Menschen bleiben" könnten. Man kann auch sagen: Für den Menschen war das Paradies zu Ende, als er ins Bewusstsein erwachte. Ob Gott, solange das Paradies währte, sich selbst als Gott wusste, ist eine andere Frage. Hegel hätte mit Nein geantwortet. Für ihn kommt Gott erst im menschlichen Geist zum Bewusstsein seiner selbst. Aber diese Möglichkeit will ich nicht weiterverfolgen. Interessant ist, dass Hegel die alte Sündenfallerzählung aufnimmt und entscheidend umdeutet. Der Sündenfall sei nichts anderes „als Aufhebung der natürlichen Einheit".[154]

Es ist die Aufhebung einer symbiotischen Einheit mit der Natur und der Umwelt, die sich im Sündenfallmythos ausdrückt, anders formuliert: der Ausbruch in das Reich der Freiheit. Von einer die gesamte Menschheit umgreifenden adamitischen Schuld, die von Gott gesühnt werden muss, ist bei Hegel nicht mehr die Rede. Diese Aufhebung der Einheit ist vielmehr notwendig, wenn Menschsein, wenn Geist und Freiheit sein können sollen. Soziologisch betrachtet, hat diese Umarbeitung

---

[154] G.W.F. Hegel, Vorlesungen über die Philosophie der Geschichte (= Werke; 12), Frankfurt 1986, 389.

des Sündenfallmythos sicherlich keine massenhafte Karriere erlebt. Sie signalisiert aber, dass das Theologenwissen dem Ende zugeht. Der alte Gott, der ein Sühneopfer brauchte, um sich mit jedenfalls einigen wenigen Menschen versöhnen zu können, stirbt einen schleichenden Tod. Und er kann auch getrost sterben, weil die von Augustinus in die Welt gesetzte Vorstellung eines Sündenfalls der gesamten Menschheit in der einen Tat Adams, die einem jeden Menschen schuldhaft anrechenbar sei, ihre Überzeugungskraft einbüßte. In der Breite haben sich an die Stelle des alten Gottes neue Religiositäten gesetzt.

Und das Schuldempfinden? Nur weil die Erbsündenlehre zur Rhetorik verkam, ging das Bewusstsein von der Schuld keineswegs verloren. Wer wollte verschweigen, dass es Schuld gibt? Wer auch nur einigermaßen sensibel auf die Geschichte blickt, schaut in einen Abgrund entsetzlicher Gewalt. Aber um der Möglichkeit der Moralität willen, auch um der Möglichkeit von Schuld willen und – begreift man Schuld als Schuld vor Gott – um der Möglichkeit der Sünde willen, musste (auch wenn ich bezogen auf die Theologie immer wieder den Eindruck gewinne, dass noch nicht einmal das Problem realisiert ist) die Vorstellung einer adamitischen Schuld, die den Menschen von Geburt an bestimmen und dennoch schuldhaft zurechenbar sein sollte, verabschiedet werden. Die Möglichkeit moralischer Selbstbestimmung setzt Freiheit voraus, und soll Sünde schuldhaft sein, so kann auch die Sünde nur in Freiheit geschehen. Es mögen dann zwar unzählige Kräfte auf den einzelnen Menschen einströmen, die ihn dazu verleiten, anders zu leben und sich zu verhalten, als man möchte. Die Erfahrung des Sich-Entzogenseins, wenn es darum geht, dem zu folgen, was als richtig erkannt ist, bleibt. Dies haben ein Paulus und ein Augustinus sehr genau beobachtet. Aber der späte Augustinus, der der Erbsündenlehre, hat daraus die falschen Konsequenzen gezogen.

Denn vielleicht wäre eher darüber nachzudenken, ob es nicht Grenzen der Selbstregulierung gibt, die auch beim besten Willen nicht zu überspringen sind. Und dabei geht es nicht nur um die Entzogenheit des Willens. Längst haben die Humanwissenschaften ein Wissen über den Menschen zutage gefördert, das in einer (durchaus auch beunruhigenden Weise[155]) zeigt, wie wenig der Mensch tatsächlich den eigenen Haushalt in den Griff zu bekommen vermag.

Aber diese Phänomene sind hier nicht mein Thema. Ich beschränke mich auf die Ambivalenz von Freiheit, bestehe aber vor allem darauf, dass der Zusammenhang von Moralität und Freiheit nicht aufgelöst werden darf und damit eine strikte Bindung von Schuld und Selbstbestimmung herrscht. Zudem besteht das Leben nicht aus Sünde; es will gelebt werden – ist theologisch zunächst einmal als Geschenk Gottes zu begreifen. Dies nicht anzuerkennen, stattdessen den Menschen immer nur darauf zu fixieren, Sünder zu sein, muss zu Gegenreaktionen führen. Und diese sind längst erfolgt. Dass sie zumeist ohne rhetorisches Gepolter, stillschweigend geschehen, spricht nicht gegen diese These. Die Geißel der Sündenrhetorik hatte dem Menschen das Leben vergällt. Dieser Gott, besser: der Gott dieser Theologie musste sterben. Und wenn er in den Fachdiskursen bis heute ein fröhliches Dasein feiert, so hat er in der Normalfrömmigkeit längst abgedankt. Der alte Gott wird schlicht totgeschwiegen.

Oder aber er wird durch eine Eigentlichkeitsspiritualität ersetzt, in der alles sein darf, nur nicht eines: hartnäckiges Den-

---

[155] Dies gilt gerade für den Bereich der Sexualität. So verantwortet kein Mensch seine pädophile Veranlagung. Dass diese nicht ausgelebt werden darf, weil dies massiv in das Selbstbestimmungsrecht und die Entwicklungsmöglichkeit von Kindern und Jugendlichen eingreift, ist unabhängig davon zu betrachten.

ken. Zwar ist der gegenwärtige Tanz um das Kalb einer dem Leben immer noch mehr Tiefe gebenden Spiritualität nicht gerade von gedanklicher Schärfe geprägt. Lieber schweigt man sich ergriffen bei Kerzenschein und viel Tee ins Unendliche aus, als dass man den Gedanken anstrengte oder sich gar der Ungewissheit bezogen auf die eigene religiöse ‚Überzeugung' aussetzte. Dass die allermeisten angepriesenen Spiritualitätsbemühungen dem Motto *Sorge für Dich* folgen, die Welt aber außen vor bleibt, darf dann nicht einmal gesagt werden. „Denkzucht, wo bleibt Dein Stachel" (Friedrich Wilhelm Graf), möchte man immer wieder rufen. Ich jedenfalls. Allerdings sind diese Entwicklungen auf dem Markt des Spirituellen kein Argument gegen die These, dass es die Theologie selbst war, die zunächst das intellektuelle Gewissen als Gegenreaktion provozierte und dem Willen zum Leben seinen Raum einforderte.

In einer offenen Geschichte weiß niemand, wie die Entwicklungen sein werden. Und so weiß auch niemand, ob sich der biblisch geglaubte Gott überliefert oder ob sich dieser Glaube zugunsten anderer Religiositäten verflüchtigt. Bereits jetzt gefragt werden kann aber, unter welchen Bedingungen die Sehnsucht nach dem Gott Abrahams, Isaaks und Jakobs sich auch künftig noch ausbilden wird. Meine Antwort: nur, wenn das Freiheitsbewusstsein nicht verblasst, ein Bewusstsein von der Würde der Freiheit, das nicht nur die eigene kennt – das darauf besteht, dass niemals Menschen hätten gefoltert, als Mittel zum Zweck eigener Interessen hätten geopfert werden dürfen. Und das darum weiß, was Evolution – für Gläubige: Schöpfung – bedeutet: geboren zu werden und zu sterben. Mal relativ vom Glück umgarnt, mit der Möglichkeit, das Leben trotz unvermeidlicher Widrigkeiten als Geschenk zu genießen, mal entsetzlich von der Natur gebeutelt. Wenn, dann zielen die angesprochenen Spiritualitäten darauf, den Menschen darauf zu trimmen, sich abzufinden mit dem Schicksal. Dass es aber Grund geben könnte, untröstbar zu hadern, darf nicht sein. Bezogen auf einen Nihilismus, dem nichts mehr wichtig, geschweige denn heilig ist, hatte Friedrich Nietzsche einmal gespottet: „Ein wenig Gift ab und zu: das macht angenehme Träume. Und viel Gift zuletzt. Zu einem angenehmen Sterben.“[156] Vielleicht müsste man heute hinzufügen: und zwischendurch noch ein wenig Spiritualität, um im Alltag besser zu funktionieren. Aber nur ja keine Fragen, die – einmal gestellt – unruhig machen, das Gemüt belästigen. Und ist das in den Kirchen wirklich anders?

Wie bereits gesehen, werden im Kulturbetrieb hingegen auch weiterhin die Fragen verarbeitet, die seit dem 19. Jahrhundert, seit den Zeiten eines Georg Büchner und eines Heinrich Heine und wie sie alle heißen, im Raum stehen. Es ist das Leiden, das im Glutkern des Fragens steht – und das den Glauben an Gott, nicht an irgendeinen, sondern an den allmächtigen Gott, zutiefst erschüttert.

Krise des Glaubens an den allmächtigen Gott und Weltrationalisierung

So hat sich der Zweifel an einem tatsächlich allmächtigen, handelnden Gott längst tief in das Bewusstsein der modern gewordenen Welt eingegraben. Sicherlich ist es zum einen das Wissen um die kosmischen Weiten des Alls, unendlicher Zeiträume, die den Glauben an diesen Gott erschüttert haben. Als die Welt noch klein war, schien der Glaube an einen Gott, der die Welt insbesondere wegen des Menschen geschaffen habe, noch plau-

---

[156] F. Nietzsche, Also sprach Zarathustra (= KSA; 4), 20.

sibel. Als aber immer deutlicher wurde, welche ungeheuren Ausmaße der Kosmos hat, machte sich die Ahnung breit, dass kein gütiger Vater über dem Sternenzelt wohnen könnte. Der Glaube an Gottes Allmacht, sein Eingreifen in die Natur und die Geschichte wurde immer mehr erschüttert.

Und diese Prozesse dauern bis heute an. Während für vergangene Generationen der Seufzer zum Himmel, das Bittgebet, noch selbstverständlich zum Alltag gehört haben mögen, dürften die allermeisten Menschen der Gegenwart andere Technologien der Alltagsbewältigung verfolgen. Jedenfalls wird nicht zunächst das Stoßgebet gen Himmel gesandt. Die Welt wird rationalisiert, verstehbar gemacht, um so die sich im Angesicht der Wirklichkeit aufdrängenden Probleme beherrschbar zu machen. Es ist der nachhaltige Gewinn dieser Strategie, im Krankheitsfall nicht mehr unerträglichen Schmerzen ausgeliefert zu sein, Arzneien zur Schmerzlinderung zu haben. In hochtechnologisierten, ökonomisch reichen Gesellschaften ist dies zur Selbstverständlichkeit geworden. Und umso größer ist der Skandal, dass diese Möglichkeiten in vielen anderen Gesellschaften nicht zur Verfügung stehen, und dies, obwohl dazu nur ein geringer Aufwand notwendig wäre.

Die Strategie reicher, technologisch moderner Gesellschaften, mit den Widrigkeiten der Natur selbstgesteuert umzugehen und auch umgehen zu müssen, ist jedenfalls längst selbstverständlich geworden. Anstatt mit einem Gott zu rechnen, der eingreift, rationalisieren diese Gesellschaften die Welt immer mehr; so soll sie durch Wissen beeinflussbar und lebbarer gemacht werden. Dass hierdurch auch vollkommen neue Probleme auftauchen, durch neue Technologien neue Risiken entstehen und ethische Konfliktsituationen auftauchen, denen sich vergangene Generationen noch nicht ausgesetzt sahen, ist die Schattenseite dieser Entwicklungen. Aber nochmals missen möchten diese neuen Möglichkeiten vermutlich die allermeisten Menschen dennoch nicht. Und rein empirisch betrachtet, scheint diese Strategie auch die einzig gangbare zu sein – jedenfalls ist sie weit effizienter als religiöse Praktiken je waren. Wenn sie dies überhaupt je waren.

Wo aber bleibt dann der Glaube an einen allmächtigen Gott? Wäre dieser Glaube nicht besser ganz aufzugeben, weil er sich angesichts von Tsunamis und unendlichem physischen Leid, angesichts von Mord und Totschlag, einer Katastrophe wie der von Auschwitz als zu schweigsam gezeigt hat, als dass man ihm noch glauben könnte? Daniel Kehlmann, einer der großen Literaten unserer Tage, formuliert in „Ruhm", einem Erzählband aus dem Jahr 2009: „(U)nd selbst wenn Gott anders zu rechtfertigen wäre als durch Seine offenkundige Abwesenheit, so verblaßte jedes kluge Argument doch vor dem Ausmaß des Schmerzes, ja vor dem schieren Faktum, daß es Schmerzen gibt und daß alles immer und zu jeder Zeit ... so unzureichend ist."[157] Hier ist sie wieder, die Erfahrung, die ich gerade andeutete, die Erfahrung der Abwesenheit Gottes. Im Anfang der modern werdenden Welt war nicht die Empörung gegen Gott. Natürlich wollte man den Alten, wie Heinrich Heine in seinen aufgebrachten, von der Emanzipations- und Freiheitseuphorie beseelten Zeiten polemisierte, auch loswerden. Aber nicht, weil man die Gottesbedürftigkeit des Menschen vergessen hatte, sondern weil das Leben zu ersticken drohte an einer kleinkarierten, sich mit dem Namen des christlichen Gottes verbindenden Moral. Friedrich Nietzsche wird ins gleiche Horn stoßen. Dass Heine schließlich, von Schmerzen gequält und ans Bett gefesselt, zum Glauben an den persönlichen Gott zurückgekehrt ist, war

---

[157] D. Kehlmann, Ruhm. Ein Roman in neun Geschichten, Reinbek bei Hamburg 2009, 129.

ihm nicht peinlich; für ihn war es nur konsequent.[158] Den Klerikalglauben hat er freilich auch weiterhin verachtet. Freiheitsbewusstsein, autonom leben zu wollen, darin das Höchste des Menschen zu erkennen und der Glaube an einen menschenzugewandten Rettergott müssen sich eben nicht ausschließen. Und ebenso hat Nietzsche auch weiterhin einen Glauben verachtet, dem intellektuelle Redlichkeit gleichgültig ist.

Erinnerung an den Gott Jesu. Ein krisenanfälliger Gott

Die Gottesfrage bohrt, und es ist das Versäumnis der Kirchen schlechthin, sich um die eigene Identität zu kümmern, sich in theologische Seitenfragen zu verstricken oder gar sich in Fragen der Kirchendisziplin festzubeißen, anstatt die Frage zu stellen, die einzig und allein zentral ist, die nach Gott. Abgesehen davon – diese Bemerkung ist freilich allein auf die katholische Kirche in ihrer römischen Ausprägung gemünzt – könnte man auch so manches strittige Thema beherzt angehen, wenn man es theologisch, d. h. aus der Perspektive eines reflektierten Gottesbegriffs angehen würde.

Gemeint ist der Begriff des Gottes, den Jesus gelehrt und an dem er seine Praxis orientiert hat. Es ist ein Gott, der zumal an den Rändern aufzusuchen ist; ein Gott, der das verbeulte und erst recht das beschädigte Leben nicht scheut, sondern will, dass gerade dieses aufgerichtet wird. Und auch meinen noch immer viel zu viele im Raum der Kirche, zumal auf den Leitungsebenen, Gott als Wertegarant der Gesellschaft etablieren und gegen eine sich als Autonomie verstehende Freiheit poltern zu müssen. Ob es dabei wirklich um Gott oder womöglich nur

---

[158] Vgl. hierzu den obigen Text.

darum geht, die eigene Bedeutung zu festigen, sei dahingestellt. Vor allem aber ist zu fragen, ob es theologisch überhaupt zu rechtfertigen ist, Gott der Freiheit vorordnen zu wollen; nicht ausgeschlossen werden kann, dass ‚Gesetz' Gottes für den Menschen ist, selbst entscheiden zu dürfen, aber auch zu müssen.[159] Ich komme am Ende dieser Überlegungen darauf zurück.

Und dieser Gott ist ein anderer Gott als der Gott des Augustinus und einer kleinkarierten, rigoristischen und das Leben verratenden Moral. Viele Menschen haben den Akt der Befreiung von einem solchen Gott der „Verbotsmoral" längst riskiert, leben autonom – so gut es angesichts der Uneindeutigkeiten des Lebens, der Brüche und der keineswegs einfach verneinten Schuld eben geht.

Aber als der Mensch erst einmal begann, sich aus der Bevormundung Gottes, die vielmehr eine klerikale Bevormundung war, zu befreien, jetzt neue Fragen möglich wurden, tatsächlich die Frage nach Gott gestellt wurde, da geriet der Glaube an Gott in eine ganz neue Krise, die bis heute nichts an Schärfe verloren hat. Wissend darum, dass es für die „Mörder aller Mörder"[160], wie Nietzsche formuliert hatte, für die Mörder Gottes also, für die, die Gott für tot erklärten, solange keinen Trost geben würde, wie man noch an Fragen wie der einer Gerechtigkeit selbst noch für die Toten festhielte, bohrte man dennoch weiter. In der Alltagserfahrung wurde Gott immer überflüssiger, und zugleich wurde er angesichts einer zum Himmel schreienden Not vermisst. Widerlegt nicht in der Tat das Faktum, dass es überhaupt Schmerzen gibt, die Existenz eines allmächtigen Gottes?

---

[159] Vgl. M. Striet/R. Werden, Welcher Gott will welches Gesetz? Unterschiedliche Gottesvorstellungen in der Rede vom ius divinum, in: Herder Korrespondenz 69 (2015) 19–23.
[160] F. Nietzsche, Die fröhliche Wissenschaft (= KSA; 3), 481.

Eines Gottes, der nicht nur allmächtig, sondern auch gütig sein soll? War es da nicht nur redlich, schließlich ganz auf Gott zu verzichten? Ist es nicht redlicher, sich den Glauben an Gott überhaupt zu verbieten? Kommt dieser Gott nicht immer bereits zu spät, weil bereits gelitten wurde?

Eine abschließende Antwort auf diese Frage ist nicht zu erwarten. Mehr als einen Versuch, der Alltagserfahrungen aufnimmt und sich um Redlichkeit bemüht, wollen diese Überlegungen nicht bieten. Sie wollen es nicht, und: sie können es nicht. Und da die Existenz des sich durch Freiheit auszeichnenden Gottes nicht zu entscheiden ist, man zwar Gründe für diese Möglichkeit vorbringen kann, diese aber nicht zwingend sind, kann dieser Versuch falsch sein.

Weiterhin hoffen wollen

Und dennoch lohnt es sich ja zu träumen, auch zu glauben. Der Mensch ist nicht nur nicht festgestellt, ist sich selbst – darin unterscheidet er sich vom Tier – eine offene Frage, sondern er vermag auch zu träumen. Auch der Glaube träumt, und: So wie Träume Realität verarbeiten, so muss umgekehrt der Glaube, der sich sehnsuchtsvoll auf einen Gott erstreckt, nicht falsch sein. Weil die Sehnsucht des Menschen wissen kann, was sie ersehnt, ist der Glaube schon deshalb keineswegs einfach widervernünftig. Der Glutkern des Glaubens, dass ein Gott sei, ist jedenfalls nicht widervernünftig. Er wäre dies nur, wenn der Vernunftbegriff enggeführt würde auf das, was der Fall ist. Wobei der Fall auch ist, dass der Mensch hoffen kann, dass nicht alles ins Nichts gleitet. Ist es aber dann nicht sogar vernünftiger, die Möglichkeit Gottes nicht definitiv auszuschließen? Jedenfalls solange nicht, wie die Möglichkeit seiner Existenz nicht zwingend widerlegt ist?

Verwandelt wird das Leben in jedem Fall, wenn geglaubt wird an einen Gott, der es umfängt. Doch auch wenn der Glaube Erfahrungen dieser Art macht, er vielleicht das Leben zu tragen beginnt und der Mensch deshalb weiß, warum er ihn riskiert, so kann er dennoch falsch sein. Martin Walser hat einmal formuliert, dass „Gott ... eben nach Ich unser wichtigstes Wort" sei. In „der Verwaltung des Nichts" besitze „er die glorioseste Frequenz."[161] Da ist sie wieder, die zumindest beunruhigte Moderne. Ist vielleicht doch nur ein großes Nichts? Oder besser: Sind wir deshalb so beunruhigt in unseren Alltagsgeschäften, weil das kommende Nichts uns so untröstlich macht? Gott „fehlt nur, weil wir ihn brauchen", hat Walser andernorts geschrieben. In der Tat. Nur weil uns etwas fehlt, uns die reine Fröhlichkeit nicht überkommen will, dringt in das Fragen immer wieder das Wort Gott ein. Aber auch nur dann und solange, wie sein Fehlen, sein Vermissen immer wieder zur Sprache gebracht wird, bleibt das Fragen nach ihm menschlich – ja mehr noch: wird sein Fehlen nicht zur Sprache gebracht, „verschwindet vielleicht seine Dimension aus unserer Welt."[162]

Martin Walser ist zuzustimmen, und zwar ohne Zögern. Eine Kirchenrhetorik, die sich in Schlagwörtern wie *Wo Gott ist, da ist Zukunft* erschöpft, die das Fehlen Gottes, den antwortlos bleibenden Schrei nach ihm, den Zweifel nicht in sich aufnimmt, wird unglaubwürdig. Und umgekehrt gilt auch, dass eine Kultur, in der Gott nicht mehr vermisst wird, unmenschlich geworden ist. Nicht, dass in einer solchen Kultur bereits wieder notwendig die Barbarei aller gegen alle ausbrechen müsste. Doch kann, wer sich erst einmal damit abfindet, trostlos bleiben zu müssen, dau-

---

[161] M. Walser, Die Verwaltung des Nichts. Aufsätze, Reinbek bei Hamburg 2004, 67.
[162] M. Walser, Heilige Brocken, Weingarten 1986, 50ff.

erhaft abstumpfen. Und wer erst einmal abgestumpft ist, ist auch bereits apathisch geworden gegenüber dem zum Himmel schreienden Unrecht und den längst verhallten Schreien vergangener Generationen, den Sehnsüchten der vielen vor uns, deren Namen wir nicht einmal mehr kennen. Wer Gott vermisst, hält die Sehnsucht des Menschen wach. Aber wer Gott vermisst, vermisst nicht eine vage Transzendenz, einen Namenlosen: Sondern er wird den vermissen, von dem es in der biblischen Exoduserzählung heißt: *Ich bin der, der ich für Euch da sein werde.*

Ein Martin Walser, ein Georg Büchner oder auch ein Walter Benjamin, ein Daniel Kehlmann oder ein Christoph Schlingensief, der Theatermacher, der nie von der Gottesfrage abließ, die sich ihm in ihrer ganzen Abgründigkeit nochmals neu stellte, als sich ein Lungentumor in ihm festfraß[163], ringen nicht mit einem Gott einer *Ich bin dann mal weg*-Spiritualität. Nichts gegen Achtsamkeit gegen sich selbst, ganz im Gegenteil. Wer nicht auf sich achtet, sich neu konzentriert, wird genauso abstumpfen wie die leidenschaftslos Gewordenen, die Ironiker, die alles nur noch belächeln können. Aber wenn man sich von dem Fehlen Gottes berühren lässt, wenn man die Schrecken der Welt nicht ausblendet, so verlangt man nach keiner die Alltagssorgen beruhigenden Spiritualität mehr, sondern nach einem Gott, der leidenschaftlich für den Menschen ist. Und nicht nur dies. Dann bricht die Sehnsucht nach einem Gott auf, der Gerechtigkeit schafft und – auch die Lust am Leben, seine Schönheiten sollen und dürfen nicht verschwiegen werden, um das von Menschen gelebte Leben nicht zu verraten – der für das Begonnene eine Zukunft schafft. Ein solcher, sehnsuchtsvoll verlangter Gott aber ist einer, der Möglichkeit hat, ja, der Allmacht ist. Dies ist

---

[163] Vgl. Ch. Schlingensief, So schön wie hier kanns im Himmel gar nicht sein. Tagebuch einer Krebserkrankung, Köln 2009.

der Grund, warum Gott als allmächtiger erträumt wird: nicht weil sich hier menschliche Allmachtsphantasien ins Unermessliche steigern, sondern weil der Mensch nicht ablassen will von seiner Sehnsucht nach Gerechtigkeit. Und weil er es nicht ertragen will, dass alles eines Tages von der unendlichen Gefräßigkeit der Zeit ins Vergessensein verschlungen sein wird. Bleibe doch, Augenblick, verlangt die Erfahrung des Glücks. Aber weil es keine Glückserfahrung gibt, die nicht bereits wieder den Geist der Melancholie atmet, verlangt sie nach Gott.

Theodizeeanschärfender Glaube

Aber wer so träumt, weil er nicht anders Mensch sein will als mit dieser Sehnsucht, sieht sich umso radikaler mit der Frage konfrontiert, warum sich der geglaubte Gott so rar macht beziehungsweise er immer wieder in den Momenten höchster Not vermisst wird. Die Theologie, wenn sie den Menschen nicht gar mit der Vorstellung terrorisierte, zu leiden sei die Konsequenz der Sünde Adams, hat in dieser Frage ein Argument entwickelt, dem ich mich kurz widmen will. Es lautet: Gott zieht sich zurück, damit der Mensch frei sein kann. Doch das Argument hat Schwächen: Selbst wenn der Mensch nur dann frei sein kann, wenn Gott nicht in seinen Willen eingreift, er ihm Raum gibt, die Welt zu gestalten und in eins damit eine Identität zu gewinnen, ein Ich mit einer eigenen Identität zu werden, so ist angesichts des Mangels und des die Menschheit von Anfang an begleitenden tagtäglichen Kampfes um das Überleben eine Aussage wie *Und siehe, es war alles sehr gut* der pure Zynismus.

Aber die Gott diese Gutheißung über seine Schöpfung sprechen ließen und mit ihr Literaturgeschichte schrieben, hatten auch gar nicht vor, die Welt schönzuschreiben. Im Gegenteil.

Nicht von einem Anfang redeten sie, sondern von einer Hoffnung auf Zukunft. Angesichts der Erfahrung von Unterdrückung und Mangel kreierten sie die Idee eines guten Anfangs, gegen alle Wirklichkeitserfahrung – und wollten so Mut für die Gegenwart machen. Der Gott des guten Anfangs wird das Volk in ein Land führen, in dem Milch und Honig fließen. Aber selbstverständlich war man nicht so naiv anzunehmen, dass es einstmals ein Paradies gab, in dem der Wolf friedlich neben dem Lamm graste.

War Gott im Anfang der Schöpfung allmächtig?

Doch bohrt natürlich auch weiterhin die Frage, ob Gott – wenn er denn tatsächlich allmächtig sein soll – nicht eine bessere als die existierende Welt hätte schaffen können. Eine Welt ohne Tsunamis, eine Welt ohne Menschen, die den Befehl zum Massenmord geben. Begreift man Gott als aller Wirklichkeit und damit auch aller Möglichkeit mächtig, dann müssten die Geschehensabläufe weder so sein, wie sie sich faktisch darstellen, noch müssten sie überhaupt sein. Denn für Gott hätte, wenn er denn tatsächlich frei ist und sich in seiner Vollkommenheit selbst genug ist, die Möglichkeit existiert, die Welt nicht zu wollen. Auch dann ist der Weg versperrt zu argumentieren, Gott habe nicht erahnen können, was geschehen sollte. In jedem Fall ist bereits im Anfang der Schöpfung alles möglicherweise entstehende organische Leben dem Zyklus des Entstehens und Vernichtetwerdens unterworfen worden. Und selbst wenn man eine Allwissenheit Gottes ausschließt, sollte in der Welt andere als die göttliche Freiheit existieren, so ist bei einer Gott unterstellten vollkommenen Freiheit zumindest vorauszusetzen, dass er ahnen konnte, wozu Freiheit in der Lage ist.

Spätestens dann stellt sich wieder die Frage, warum Gott die Dinge ihren Gang gehen lässt; warum er nicht eingreift, wie es sich Menschen immer wieder gewünscht haben und wünschen. Meine Antwort lautet: Niemand weiß es. Niemand kann sagen, warum Gott sich – immer vorausgesetzt, er könnte tatsächlich eingreifen – derart in Zurückhaltung übt. Allerdings gibt es eine Frage, die Menschen sich selbst vorlegen können. Selbstverständlich kann man dann, wenn man radikal mit der Freiheit Gottes rechnet, nicht ausschließen, dass Gott doch eingreift, rettend zur Seite tritt. In der Tradition hat man hierfür den Begriff der Gebetserhörung geprägt, und unzählige Votivtafeln an besonderen Frömmigkeitsorten zeugen davon, dass Menschen den Gang ihres Lebens so interpretiert haben, dass Gott an ihnen in ihrer Not gehandelt hat. Ich will dies auch nicht prinzipiell ausschließen. Und kann auch nicht ausschließen, dass Gott singulär interveniert, solange ich von ihm als Freiheit rede. Denn das hieße, ihn in seiner Freiheit aufzuheben. Aber kann – diese Frage ist die Frage eines ‚ich‘, eines kleingeschriebenen ‚ich‘, – kann ‚ich‘ wollen, dass Gott auf meine Bitte hin an mir ein Wunder vollzieht? Den Kelch an mir vorübergehen lässt? Wäre nicht im gleichen Atemzug die Frage zu stellen, was mit den leidenden Anderen ist? Provoziert nicht jede Identifikation eines wundersamen Eingreifens Gottes die Gegenfrage, warum hier und angesichts des längst ins Schreien übergegangenen Gebets dort nicht? Ich will hier nur vorsichtig an Jean Améry erinnern. Wie nach Auschwitz noch beten? Dies war die Frage von Sensiblen wie Améry, und er hatte nur noch ein *Überhaupt nicht mehr* für diese Frage übrig. Es war die Frage von Elie Wiesel und vielen anderen. Vielleicht war ihr Nicht-mehr-Beten redlicher, gottesfürchtiger, als so manches andere Gebet.

Und es hat lange gedauert, bis diese Frage in der christlichen Theologie zugelassen wurde. Johann Baptist Metz hat entscheidend dazu beigetragen. Wie noch beten nach Auschwitz? Weil, so seine Antwort, auch in Auschwitz noch gebetet wurde.[164] Aber wie nach Auschwitz noch bitten? Wie noch um die Hilfe Gottes bitten, nachdem Unzählige um sie baten – und dann eines elendigen Todes starben, gemordet wurden?

Gottes radikal weltliche Welt

Wie kaum ein anderer hat sich Dietrich Bonhoeffer in der Gestapohaft in Berlin von diesen Fragen mit einer Radikalität umhertreiben lassen, wie dies zuvor und danach kaum einmal wieder geschah. Wissend, dass die Hinrichtung immer wahrscheinlicher wurde, mit seinem Glauben an den menschgewordenen Gott ringend und dennoch an ihm festhaltend, schreibt Bonhoeffer an seinen Freund Eberhard Bethge: „Und wir können nicht redlich sein, ohne zu erkennen, dass wir in der Welt leben müssen – ‚etsi deus non daretur‘. Und eben dies erkennen wir – vor Gott! Gott selbst zwingt uns zu dieser Erkenntnis. So führt uns unser Mündigwerden zu einer wahrhaftigeren Erkenntnis unsrer Lage vor Gott. Gott gibt uns zu wissen, dass wir leben müssen als solche, die mit dem Leben ohne Gott fertig werden. Der Gott, der mit uns ist, ist der Gott, der uns verlässt (Mk 15,34)!"[165]

Bonhoeffer erinnert damit an den Kronzeugen dieses Glaubens, den – in der Überzeugung des christlichen Glaubens – Exegeten Gottes schlechthin, Jesus selbst, der für diese Theologie des Schweigens Gottes angesichts des Elends seiner Welt

---

[164] J.B. Metz, Unterbrechungen. Theologisch-politische Perspektiven und Profile, Gütersloh 1981, 61.
[165] D. Bonhoeffer, Widerstand und Ergebung (= DBW; 8), Gütersloh 1998, 533.

steht. Kein Gott, der ihm den Kelch erspart, kein Gott, der doch noch rettend eingreift. Nein, der menschgewordene Gott stirbt in der Verlassenheit der Gottferne. Der Himmel schweigt. Bonhoeffer wird wenige Zeit später am Galgen ermordet. Wenn man den Zeugnissen trauen darf, in offener Gelassenheit – Gott vertrauend. „Von guten Mächten wunderbar geborgen …" Verkitscht ist er, dieser Vers; zu oft gehört, und vor allem zu oft gesungen in Gottesdiensten, die sich aus der Wirklichkeit wegstehlen. Auf seinen Kontext bezogen verwehrt er sich gerade jeder entweltlichten Kitschfrömmigkeit. Dieser Vers leidet an Gott; er atmet den Geist einer zerrissenen, einer brutal gekreuzigten Welt – und er spricht dennoch ein Grundvertrauen in Gott aus. Wer diesen Vers nicht so beten muss wie Bonhoeffer, auf den Galgen zuschreitend, möge dankbar sein. Aber was meint schon Dankbarkeit? Es kann doch immer nur die Dankbarkeit gegenüber der Zufälligkeit der eigenen Geburt sein. Zu anderer Zeit geboren, an einem anderen Ort, und das Leben könnte ganz anders verlaufen.

Bonhoeffer hat aber auch scharf herausgearbeitet, dass der Gott Jesu sich nicht zufällig verschweigt. Dieser Gott – und man wird wohl sagen müssen, er lässt die Menschheit dafür einen extrem hohen Preis zahlen – achtet vielmehr die Weltlichkeit der Welt, ihre Autonomie. Und zwar deshalb, weil, so Mechthild von Magdeburg, Gott kein größeres „Begehren" kennt als den Menschen, seine „höchste Ehre".[166] Dies bedeutet dann aber auch, dass Gott dann Gott für den Menschen werden kann, wenn dieser die Sehnsucht nach ihm aus sich heraustreibt. Präziser: Ein sich durch Freiheit auszeichnender Gott

---

[166] Mechthild von Magdeburg, Das fließende Licht der Gottheit. Zweisprachige Ausgabe. Aus dem Mittelhochdeutschen übersetzt und hg. v. G. Vollmann-Profe, Frankfurt 2003, I,19, ähnlich III,5.

wird dann für den Menschen interessant, wenn dieser Gott seinem Freiheitsbedürfnis entspricht. In der christlichen Glaubenslogik eines der Welt und der Menschheit zugewandten Geschichtsgottes wird ebendies unterstellt. Es zeigt sich hier ein Gott, der den Menschen in seiner Freiheit sucht. Gottes Allmacht, die – und dies ist immer wieder zu betonen – offenbar geworden ist als eine Liebe, die zwar nichts unversucht lässt, den Menschen mit sich zu erfüllen, die sich aber gleichwohl um der Freiheit des Menschen willen radikal zurücknimmt, entspricht so der Sehnsucht des Menschen. *Cur deus homo?* Nicht nur, weil der Mensch dieses Gottes bedarf, sondern weil Gott selbst als Mensch den Menschen sucht.

So von Gott als Liebe zu reden, hat nichts damit zu tun, die Realität von ihm fernzuhalten. Ganz im Gegenteil. Wer meint, sich Gott dann wahrhaftig anzunähern, wenn er diesen mit geschlossenen Augen nach innen verklärt, wenn er vage – was immer das auch heißen mag – Transzendenzgefühle entwickelt, der meint nicht mehr Gott. Jedenfalls nicht mehr den Gott Jesu. „Seit Gott in Christus Fleisch wurde und in die Welt einging", so hat Dietrich Bonhoeffer es ausgedrückt, „ist es uns verboten, zwei Räume, zwei Wirklichkeiten zu behaupten: Es gibt nur diese eine Welt."[167] Deshalb differenziert Bonhoeffer auch. Der „religiöse Akt" sei „immer etwas Partielles", der Glaube hingegen „etwas Ganzes, ein Lebensakt."[168] Und deshalb sei die „mündige Welt" zwar „Gott-loser", aber gerade „darum vielleicht Gott-näher" als die unmündige Welt."[169] Entschieden wehrt sich Bonhoeffer gegen jede Parzellierung des Glaubens, dagegen, ihn in abgesonderte Bereiche der Existenz abzuschie-

---

[167] D. Bonhoeffer, Widerstand und Ergebung, 53.
[168] Ebd., 537.
[169] Ebd.

ben. Christlich zu glauben, bedeutet für ihn, strikt in dieser Welt zu glauben, mündig – autonom, und erwachsen geworden: nicht mit einem Gott zu rechnen, der den Menschen davon entlastet, selbst zu entscheiden und das Heft des Handelns in die Hand zu nehmen.

Bonhoeffer schrieb dies, während der Zweite Weltkrieg tobte, unzählige Menschen ermordet wurden und das jüdische Volk vernichtet werden sollte. Gott als Schöpfer des Himmels zu glauben, bedeutet auch, ihn als Schöpfer aller Verderbnis, als Ermöglichungsgrund einer abgründigen Gewaltgeschichte zu glauben. Das 20. Jahrhundert hat Gewaltausbrüche unvorstellbaren Ausmaßes gezeigt. Ein Ende ist nicht abzusehen. Und wer seine Rede von Gott der Geschichte aussetzt, kann Zweifel kriegen. Kann? Muss man nicht zweifeln? Eine am Gott Israels festhaltende „Mystik der offenen Augen" (J.B. Metz) wird immer wieder vom Zweifel erfasst werden. Der Glaube ist nicht frei von ihm.

Doch gleichzeitig bleibt Gott für die Glaubenden der, der als die alle Wirklichkeit aus dem Nichts ins Dasein rufende Macht auch den Menschen aus naturevolutiven Prozessen hervorgehen lassen hat, der ihn dem Kreislauf von Zeugung, Geborenwerden und dem Tod unterworfen – und der in eins damit Freiheit eröffnet hat.[170] Gott ist im Glauben der Christen einer, der selbst Mensch geworden ist, möglicherweise im Schöpfungsgrund sich bereits dazu bestimmt hat, sich anderer sich zeigender Freiheit gleichzumachen. Und darf man nicht sagen, dass der Kern der Botschaft Jesu die Ermutigung darstellt, das Leben zu leben? In

---

[170] Ich will hier nicht auf die Frage eingehen, wie sich evolutionstheoretisches Denken mit dem Schöpfungsglauben vereinbaren lässt. Ich verweise dazu auf meine Ausführungen in: Radikale Kontingenz. Vier Kapitel zur Lehre von der Allmacht Gottes, Freiburg 2015 (im Erscheinen).

seiner Schönheit? Aber eben auch in seiner Ambivalenz? Und dies unter den Vorzeichen des Gottes, den auch er *abba* genannt hat, der in seiner Güte schon sorgen wird? Der noch ein eschatologisches Versprechen hat? Weil Jesus für diesen Gott gestritten hat, hat er ein grauenhaftes Schicksal erlitten. Er wurde brutal gefoltert, starb den Verbrechertod – mit einem Schrei des Verlassenseins, ins Ungewisse hinein. Er mag noch so viel Gottvertrauen gehabt haben. Wissen konnte auch er nicht.

Was aber bedeutet dieser Tod soteriologisch? Zunächst einmal sollte damit aufgehört werden, die Erlösungsbedürftigkeit der Menschheit von einer Schuld Adams her zu verstehen. Zwar ist immer wieder einmal zu hören, dass man dann die universale Erlösungsbedürftigkeit und damit auch den Grund der Menschwerdung nicht mehr plausibel machen könne, wenn man sich von der Vorstellung einer Urschuld verabschiede. Dies gelte auch dann noch, wenn die Sünde erst angesichts der Erlösung als solche aufgehe.[171] Ich kann dazu nur sagen, dass meine soteriologi-

---

[171] Vgl. W. Breuning, Christus macht dem Menschen den Menschen kund, in: B. Claret (Hg.), Theodizee. Das Böse in der Welt, Darmstadt 2007, 117–152, 132, bes. 137: Die Erbsündenlehre „will *von* Gott und seinem Einsatz und für Gott sprechen und in den Weg Gottes hineinnehmen. Um derentwillen gehört eine Theologie der Erbsünde mit zum Vernehmen des Evangeliums." Historisch betrachtet, habe ich Bedenken bezogen auf diese Interpretation. Die Erbsündenvariante Augustins verfolgte jedenfalls eine Theodizeestrategie. Diese wiederum ist nur möglich, wenn man einen guten Urstand voraussetzt. Von daher ist J. Knop (Heil, Leben und Hoffnung. Erlösungsmodell im diachronen Diskurs, in: M. Striet/J.-H. Tück (Hg.), Erlösung auf Golgotha? Der Opfertod Jesu im Streit der Interpretationen, Freiburg 2012, 127–146, hier 134) konsequent, wenn sie einen solchen voraussetzt. Jedenfalls stellt sich nicht einmal die Frage, ob Gott sich möglicherweise dafür rechtfertigen müsste, überhaupt eine Schöpfung gewollt zu haben. Es bedürfe „keiner Sühne (Gottes, M.S.), dass der Mensch endlich, kontingent ist und nicht Gott." Dies sei im Einklang mit den Benediktionen des ersten Schöpfungsberichtes sehr gut. Grundsätzlich dürfe deshalb Erlösung auch „nicht als Sanierung ei-

sche ‚Phantasie' weiterreicht. Und jede Soteriologie ist Phantasie –
eine Phantasie, die hoffentlich Gründe für sich aufbringt und
nicht Mindeststandards menschlicher Selbstverständigung unterläuft. Und grundsätzlich ist es die Beschreibung der eigenen Erlösungsbedürftigkeit, die maßgeblich wird. Man kann sich diesbezüglich täuschen, sich falsch beschreiben, aber aus diesem
anthropologischen Rahmen gibt es kein Entkommen.

So scheint es mir zu kurz zu greifen, die Erlösungsbedürftigkeit des Menschen von seiner moralischen Schuld her zu begründen. Der Mensch ist bereits in sich widersprüchlich. Dies
hängt mit seiner Freiheitsverfassung zusammen. Er verspricht
mehr, als er zu halten vermag. Phänomenologisch lässt sich
dies leicht beim ‚Natürlichsten' zeigen, was Menschen machen.
Ein Kind zu zeugen, heißt, es in den Tod hinein zu zeugen. Das
menschliche Leben ist nicht nur ein Dasein zum Tode, sondern
spätestens unter modernen Reproduktionsbedingungen ist es
auch ein gewolltes Dasein zum Tode. Wer ein Kind zeugt, akzeptiert dieses unumstößliche Faktum. Auch wenn das Leben
nach menschlichen Maßstäben gelingt, es gedeiht und vom
Glück begleitet ist – das Kind wird eines Tages sterben. Aber
darf man einem Menschen den Tod geben? Darf man einem
Menschen zumuten, dass ihm die Frage seiner möglichen
Nichtexistenz und damit die Frage, dass es womöglich besser
gewesen wäre, gar nicht geboren worden zu sein, zur Not wird?

---

ner an sich unzureichenden Schöpfung verstanden werden." Nun schließe ich
mich nicht der Strategie einer Verabschiedung des persönlichen Gottes an
(vgl. oben Anm. 128). Aber Knops Argumentation halte ich dann doch für
mutig. Denn es hieße ja, dass entweder Gott nicht rechtfertigungsbedürftig
ist angesichts von Kindern mit offenem Rückenmark, oder aber das naturale
Elend gibt es nicht deshalb, weil die Schöpfung von Anfang an nach menschlichen Maßstäben defizitär war. Warum aber ist sie dies jetzt? Doch wohl nicht
aufgrund einer Sünde des Menschen?

Und was ist mit den unzähligen Opfern der Geschichte? Entlarvt sich nicht spätestens angesichts dieser die Rede von einem in Adam begründeten universellen Sündenzusammenhang, der dann das soteriologische Denken bestimmt, als blanker Zynismus? Unzählige sind gemordet worden, ohne dass ihnen irgendeine Schuld angerechnet werden könnte. Unzählige sind diskriminiert worden und werden dies bis heute, weil sie nicht in gesellschaftlich oder auch religiös vorherrschende Normalitätsschemata passten und passen. Die Rede von einer adamitischen Schuld, die über die ganze Menschheit gekommen sei, wäscht zwar Gott frei von jeder Schuld, aber dann doch nur für einen Augenblick. Ja, diese Vorstellung hat selbst unendlich viele Opfer produziert. Weil seit Augustinus alle Menschen zunächst einmal Sünder waren, die Vorstellung kulturell beherrschend wurde, durch die adamitische Schuld sei ein ursprünglich guter Zustand ins Gegenteil verkehrt worden, konnten sich Unterscheidungen von normal und anormal enorm wirkmächtig etablieren.

Wenn man mit Gott als freilassender Macht rechnet, so sind solche Fragen zu stellen. Wer einmal den Geschmack der Freiheit genossen hat, wird vermutlich nicht wieder von ihr lassen. Ich gehöre dazu. Aber auch ein nur kurzer Blick auf die Geschichte zeigt, dass Freiheit höchst ambivalent ist. Und sie wird sich selbst prekär, wenn sie sich nicht auf ihr privatisiertes Glücksverlangen beschränkt. Gegen solche Privatisierungstendenzen des christlichen Glaubens ist immer wieder anzuarbeiten und daran zu erinnern, dass der biblische Gottglaube ein auf die reale Geschichte bezogener ist. Auf den Juden Jesus von Nazareth darf sich nicht berufen, wer eine geschichtsfreie Religiosität praktiziert. Ihm ging es um mehr Gerechtigkeit, um praktizierte Barmherzigkeit. Dies war ihm der Gottesdienst, der sich mit dem Gebet zu Gott verband.

Exkurs I: Inversion der Sühnetheologie und die liebe Tradition

Selbstverständlich weiß ich, dass sich die von mir[172] – und, nicht zu vergessen, von Ottmar Fuchs seit geraumer Zeit[173] – vorgeschlagene Modifikation der Sühnevorstellung gegen die theologisch wirkmächtig gewordenen sühnetheoretischen Ausdeutungen des Todes Jesu wendet. Und ich will auch nicht verschweigen, dass mich dies durchaus immer wieder irritiert. Allerdings irritiert mich auch der suggestive Ton von Kritikern. Dürfe man „einfach so" die biblische Botschaft, dass Christus für unsere Sünden gestorben sei, dahingehend ummünzen, dass dieser auf Golgotha „*pro semetipso*, für seine Schuld, Sühne geleistet [habe], um Rechtfertigung zu finden vor den Menschen", so wird gefragt.[174] Selbstverständlich, möchte ich sagen, wenn auch nicht einfach so. Voraussetzung hat zu sein, so muss doch die Antwort lauten, man hat Gründe dafür. Die von mir beanspruchten Gründe konzentrieren sich darauf, dass Gott um das Risiko seiner Schöpfung gewusst haben muss, so dass ich schließe, dass er als der offenbar gewordene unbedingt treue Gott bereits im Anfang entschieden war, Mensch zu werden, sich in allem uns gleichzumachen und das

---

[172] Vgl. M. Striet, Erlösung durch den Opfertod Jesu?, in: ders./J.-H. Tück (Hg.), Erlösung auf Golgatha?, 11–32.

[173] Vgl. zuletzt O. Fuchs, Der zerrissene Gott. Das trinitarische Gottesbild in den Brüchen der Welt, Mainz ²2014 (dort 226 Hinweise zu weiteren Arbeiten).

[174] So fragt H. Hoping, Caritas est passio. Das Sterben Jesu und die Frage nach dem leidenden Gott, in: G. Augustin u. a. (Hg.), Christus bekennen und verkünden. FS Walter Kasper zum 80. Geburtstag, Freiburg 2013, 334–345, 343f. Ähnlich, ohne Argumente beizubringen, in Frageform J.-H. Tück, Es fehlt etwas, wenn Gott fehlt. Martin Walser über Rechtfertigung – eine theologische Erwiderung, in: ebd., 600–612, 606.

mit dem Menschen zu teilen, was Menschsein bedingt und ausmacht: die Freude, die Lust am Leben, aber eben auch das Unterworfensein unter die Logik der Tödlichkeit des Lebens. Was er dem Menschen, auf den er in seinem Schöpfungswillen gehofft hatte, zumutete, wollte er auch sich zumuten. Und er wollte sich vor allem offenbar machen. Damit Menschen bereits jetzt von ihm her zu leben beginnen können, sich in ihrer Lust am Leben nicht zermürben lassen von der Abgründigkeit, die dem Leben eingeschrieben ist. Ist dieser Gedanke wirklich so abwegig?

Beiläufig erwähnen darf ich, dass sich in der Soteriologie deshalb Anselm von Canterbury gegen keinen Geringeren als gegen Augustinus gewandt hat.[175] Nicht aus Belieben, sondern weil er meinte, gute Gründe dafür zu haben. Aber diese Kontroverse ist nicht mein Thema. Und im Übrigen bestreite ich ja auch nicht einfach die Sünde, bezweifle aber ihre traditionelle Konzeption. Dazu später noch ein wenig mehr. Nur zu sagen, dass sich die vorgeschlagene Modifikation oder auch Inversion der Sühnetheologie so biblisch nicht finden lasse, die Tradition anders gedacht habe, reicht meines Erachtens als Gegenargument nicht aus. Biblisches ,Zeugnis' ist das Ergebnis von Reflexion auf gemachte Erfahrungen, die Ausbildung von Tradition ebenfalls. Und auch das, was sich in der Liturgieästhetik, aber eben auch auf der Textebene findet, ist zunächst einmal geschichtlich geworden, kann damit, muss aber keine Geltung für die Gegenwart entwickeln. Und gleichermaßen kann es Gründe geben, die es rechtfertigen, anders zu denken.

---

[175] Vgl. Anselm von Canterbury, Cur deus homo. Warum Gott Mensch geworden. Lateinisch–deutsch. Hg. und übers. v. F. S. Schmitt, Darmstadt 1956, 21–25.

Jan-Heiner Tück hat in einer Replik auf einen Vortrag von mir an den „Schatten einer mitlaufenden Schuldgeschichte" der Freiheitsgeschichte des Menschen erinnert.[176] Daran muss ich nicht erinnert werden; die Dialektik der Aufklärung ist mir sehr bewusst. Und sie war auch denen, die im Zentrum der historischen Aufklärungsprozesse standen, selbstverständlich bewusst. Das empirisch nicht zu leugnende radikal Böse hat auch die irritiert, die gleichwohl unirritiert blieben in ihrer Entschiedenheit, dass Freiheit das Höchste sei. Wobei ich auch hinzufügen möchte, dass die Dialektik, welche die historischen Aufklärungs- und gesellschaftlichen und politischen Emanzipationsprozesse begleitet hat, nicht als Argument gegen eine aus religiösen Vorzeichen abgenabelte, das heißt auf Vernunftautonomie basierende Aufklärungspraxis gewendet werden kann. Das Gegenteil ist der Fall. Das Bewusstsein von ihrem Gefährdungspotenzial, ihrer Dialektik, hat die modern werdende Welt von Anfang an begleitet; es hervorgebracht zu haben, war Ergebnis der Aufklärung der Aufklärung über sich selbst.

Weder muss ich deshalb daran erinnert werden, dass es diese Dialektik gibt, noch möchte ich mir mit einem kontextbefreiten Zitat von Jürgen Habermas „zu viel Vernunftstolz"[177] vorhalten lassen. Transzendentalphilosophische Reflexions- und Begründungsfiguren haben nichts mit Idealismus zu tun, und sie su-

---

[176] J.-H. Tück, Am Ort der Verlorenheit. Ein Zugang zur rettenden und erlösenden Kraft des Kreuzes, in: M. Striet/ders. (Hg.), Erlösung auf Golgatha?, 33–58, 46.

[177] Ebd., 36. Nachgewiesen ist das Habermas-Zitat nicht. Ich darf bei dieser Gelegenheit auf eine Replik von J. Habermas auf mich verweisen, die sich in ihrem Grundtenor gerade deshalb fasziniert von diesem theologischen Denktyp zeigt, weil der Glaube darauf konzentriert wird, was er ist, ein Sich-Riskieren. Vgl. J. Habermas, Nachmetaphysisches Denken. Aufsätze und Repliken, Berlin 2012, 223–225.

chen zwar die Synthese von Glaube und Vernunft, bringen Gründe für den Begriff einer solchen in der Instanz einer anamnetisch verpflichteten praktischen Vernunft bei, *wissen* aber nicht. Deshalb grenzen sie sich gegen den Hegelschen spekulativen Begriff ab, vermögen aber auch einer Reinigungsmetaphorik, welche die Vernunft in die Schranken des Glaubens verweist, nichts abzugewinnen. Sie sind schlicht und einfach Figuren, die um die Endlichkeit und Begrenztheit der Vernunft wissen, aber einem Orientierungsbedürfnis entspringen. Im Übrigen bin ich mir auch nicht sicher, ob meine Überlegungen angemessen rekonstruiert sind. Die Problemexpositionen werden jedenfalls nicht aufgenommen. So wird mir vorgeworfen, „die Lehre von der universalen Sündenverfallenheit des Menschen im Namen der Aufklärung als Obskurantismus zu verwerfen"[178]. Meine vorgebrachten Gründe gegen ein bestimmtes (!) Konzept einer solchen Sündenverfallenheit werden nicht genannt, geschweige denn diskutiert. Ich erlaube mir deshalb nochmals an zwei zu erinnern. Meines Erachtens bedarf es eines bestimmten Gottesbegriffs, also eines bestimmten internalisierten Gottesbewusstseins, um sündigen zu können. Nur ein kurzer Blick in die Geschichte zeigt, dass der von Tück beanspruchte Gottesbegriff einen mühsam zurückgelegten Weg aufweist. Bis man vom Zornesgott zum Gott der Liebe kam, wurde eine gewaltige Reflexionsarbeit investiert. Nur – warum war dies so? Ich würde gerne wissen, wie Tück dies denkt. Will er die Notwendigkeit, dass diese Reflexionsgeschichte durchlaufen werden musste, dem Menschen anlasten, um Gott entlasten zu können? So dass im Paradies Gott zunächst in seiner ganzen Fülle, die seine Liebe ist, präsent war, dann aber durch einen Abfall des Menschen von ihm verdunkelt wurde? Weil diese These nach Darwin

---

[178] J.-H. Tück, Am Ort der Verlorenheit, 46.

aber doch kaum noch durchzuhalten sein dürfte, verwundert es, dass die von mir übernommene[179] Unterscheidung von Schuld und Sünde einfach verschwiegen wird. Moralisch schuldig werden zu können, weist, historisch betrachtet, auch noch einmal eine Geschichte auf. Die Entdeckung des inneren Menschen hat religionsgeschichtlich zu beobachtende Gründe, und sie weist vor allem den Index geschichtlicher Kontingenz auf. Und dies gilt auch für die Entdeckung des moralischen Autonomiebewusstseins. Und es gilt erst recht für die Möglichkeit, im qualifizierten Sinn sündig werden zu können – d. h. die als Selbstverfehlung von Freiheit zu begreifende eigene Schuld als Schuld vor Gott zu begreifen. Erst wenn Gott in *bestimmter* Weise geglaubt wird, als ein Gott, dem getraut werden darf, als der Gott, der aus der Unverfügbarkeit seiner Freiheit heraus den Menschen erwählt hat, das heißt einen Bund mit dem Menschen geschlossen hat, wird die Sünde möglich. Menschheitsgeschichtlich wird die Sünde, so gedacht, erst spät möglich; die ‚Ewigkeit' des göttlichen Erwählungshandelns berührt dies nicht, dies kann immer noch als ewig, als ein Erwählen im Anfang gedacht werden.

Das Argumentationsmuster von Tück, das eine Unterscheidung von moralischer Schuld und Sünde[180] nicht kennt, ist insofern ein vorneuzeitliches, als es weder eine moralische Vernunft-

---

[179] Vgl. Th. Pröpper, Autonomie und Solidarität. Begründungsprobleme sozialethischer Verpflichtung, in: ders., Evangelium und freie Vernunft. Konturen einer theologischen Hermeneutik, Freiburg 2001, 57–71, 65.

[180] Vgl. J.-H. Tück, Es fehlt etwas, wenn Gott fehlt, 606, wo er ‚psychologisierend' fragt, ob die „Beschuldigung Gottes einer Selbstentschuldigung des Menschen dienen könnte". Dass es Selbstentschuldungsphänomene gibt, ist unbestritten. Wer wäre frei davon? Ob dies allerdings ein Argument ist, wenn die Erfahrung des Vermissens Gottes als Schuld Gottes beschrieben wird, wage ich zu bezweifeln. Und nochmals: Schuldig macht sich auch, wer Möglichkeiten vorenthält. Man kann das Absolute auch so begreifen, dass dieses nicht aller Möglichkeit mächtig ist. Aber das hieße, die anfänglich biblisch

autonomie kennt noch die Grenzen endlicher Vernunft bezogen auf die Frage der Wirklichkeit eines freien Gottes akzeptiert. Man muss ja nicht mit Kant gehen, aber dann braucht man gute Gründe. Andernfalls verbreitet man theologisches Sonderwissen, das nicht die Synthese mit dem sucht, was als vernünftig gelten darf, weil es mit Gründen ausgewiesen ist. Gründe aber haben sich in den Wissensdiskursen der jeweiligen Gegenwart zu bewähren. Und zu diesen gehört eine begründete Skepsis gegenüber allzu ausschweifenden metaphysischen Annahmen. Selbst wenn man heteronom leben wollte, so kann man dies unter vernunftkritischen Vorzeichen gar nicht. Faktisch kann man nicht wissen, was der Wille Gottes ist. Man kann ihn mutmaßen, als Begriff setzen.

Ich selbst bleibe dabei, dass Freiheit das Höchste ist. Zumal ich mit einem Gott rechne und diesen Gott mit dem Gott Jesu identifiziere, dem Freiheit gleichermaßen das Höchste ist. Jedenfalls setzt sich der Jesus biblischer Erzählungen immer wieder souverän über das Sabbatgebot hinweg. Er weiß es einzuordnen. Er war ein Mensch souveräner Freiheit, der sich zu dieser Freiheit von Gott selbst ermutigt wusste. Deshalb war er auch kein – um es mit einem modernen Begriff zu sagen – Biblizist oder jemand, der sich hinter einem *ius divinum* versteckte. Was er als den Willen Gottes identifizierte, war, Gerechtigkeit zu verlangen und Barmherzigkeit gegenüber denjenigen zu üben, die keine eigenen Möglichkeiten mehr haben, keine eigene Kraft mehr aufzubringen vermögen. Was das aber konkret heißt, dies war ihm sehr bewusst, muss immer wieder neu austariert werden.

---

behauptete und dann in der Lehrtradition ausgearbeitete Rede von der Allmacht Gottes aufzugeben.

Im Übrigen halte ich gegen Tücks Mutmaßung[181] auch weiterhin daran fest, dass eine Theodizee absurd wäre, die mit dunklen Seiten in Gott rechnet. Gerade deshalb arbeite ich ja konsequent den Gedanken aus, dass Gott sich im Schöpfungsentschluss dazu bestimmt hat, gemäß seinem Wesen dem nun anderen seiner selbst, der Welt und insbesondere den Menschen, unbedingt treu bleiben zu wollen. Aber das bedeutet nicht, dass er nicht auch um das Risiko seiner Schöpfung, des Brutalitätspotenzials von Freiheit gewusst hat – und dass diese nicht von Anfang an dem Tod ausgeliefert war. Wenn das Alte Testament immer wieder vom Zorn Gottes spricht, diesen geschichtsphilosophisch rationalisiert, indem es ihn in Relation setzt zum Abfall des Volkes von Jahwe, aber auch darauf besteht, dass dieser Zorn ein Übermaß annimmt, das schlicht nicht mehr nachzuvollziehen ist[182], so denkt es vielleicht zu aktivisch von diesem Zorn. Nicht, dass Gott nicht zürnte über menschliche Gnadenlosigkeit und Schuld. Gleichwohl müssen geschichtliche Ereignisse nicht auf eine interventionistische Aktivität Gottes zurückgeführt werden. Freilich reicht es schon völlig aus, das Nicht-Eingreifen Gottes als Aktivität zu deuten – und solange Gott als eine Macht gedacht wird, die der Ge-

---

[181] Vgl. ebd., Anm. 32.

[182] Vgl. insgesamt zur Frage nach dem Zorn Gottes den aufrüttelnden Aufsatz von W. Groß, Zorn Gottes – ein biblisches Theologumenon, in: ders., Studien zur Priesterschrift und zu alttestamentlichen Gottesbildern, Stuttgart 1999, 199–238. So resümiert Groß bezogen auf Psalm 88, ebd., 227: „Der Beter eröffnet den Psalm mit der traditionellen Anrede ‚Gott meines Heils‘, hat dann aber in den vielen Sätzen mit göttlichem Subjekt nur Erfahrungen der Aggression und der Schädigung zu berichten. Gegenüber einem Gott, der ihm bisher jede Kommunikation verweigert hat, schließt er ohne versöhnlichen Ausgang in Schrecken vor diesem, in Anklage gegen diesen und in Schädigung durch diesen Gott. Dieser Gott hat sich grundlos, konsequent und ausschließlich als Feind erwiesen."

schichte mächtig ist, ist Nicht-Handeln als Handeln zu interpretieren, bleibt das Alte Testament im Recht, wenn es Gott angeht, ihn anklagt. Vielleicht hat Gott Gründe, nicht einzugreifen. Hat er sie nicht, so ist er moralisch diskreditiert. Aber selbst wenn er sie hat, so ist dieser Gott ein Gott, der nur allzu leicht im Abgrund der menschlichen Verzweiflung zu versinken droht. Die eben noch erinnerte Umarbeitung des Zornesgottes in den Liebesgott ist Voraussetzung dafür, an Gott festhalten zu können. Von daher ist auch die immer wieder gebrauchte Rede vom biblischen Zeugnis hochgradig irreführend. Zumal immer wieder zu beobachten ist, dass das biblische Zeugnis dann bemüht wird, wenn es das eigene Denken absichert. Gehört Psalm 88 nicht dem biblischen Zeugnis zu? Nein, systematisch geht es darum, diese Texttraditionen ernst zu nehmen und sie notfalls weiterzuentwickeln, sie zu überwinden. Ein grundlos zorniger, auch ein maßlos vernichtender Gott verbietet sich. Aber seit der angedeuteten Umarbeitung zum Liebesgott droht auch, dass das Vermissen Gottes verschwiegen wird, was wiederum zynisch denen gegenüber wird, denen das Leben übel mitspielt. Verrat an den biblischen Schriften ist, die Empirie außen vor zu lassen. Ob der Gott existiert, der als Sehnsuchtswort projiziert wurde, auf den auch Jesus gesetzt hat sowohl in seiner Praxis der Verkündigung des Reiches Gottes als auch, so hofft der Glaube jedenfalls, während seines schmählichen Endes, wissen wir nicht. Was wir aber wissen, ist, dass unschuldig gelitten wird. Und: Wollte Gott eine frei sich entfaltende Welt, wünschte er sich Freiheit, so wusste er um das Risiko.

Von diesem Risiko wussten Adam und Eva im Paradies, übersetzt: als sich anfänglich menschliches Leben zu regen begann, erste Stufen solchen Lebens in der Evolution auftraten, noch nichts. Aber sie *wussten* eben *noch gar nichts*. Sie waren weder glücklich noch unglücklich. Vielleicht regte es sich vorsichtig, aber mehr nicht. Von einer Gottessehnsucht waren sie ganz gewiss noch nicht durchdrungen. Eine – um es nochmals mit Schelling zu sagen – „allem endlichen Leben anklebende Traurigkeit" kannte dieses anfänglich aufkeimende Bewusstsein noch nicht. Israels Bewusstsein kannte diese. Deshalb hat es den Exodusgott projektiert. Aber nur weil es ihn erfunden hat, es das größte Sehnsuchtswort aller Zeit kreiert hat, das Wort von dem *Ich bin der, der ich für Euch da sein werde,* muss der so gedachte Gott ja nicht nicht existieren. Gott bleibt ein Sehnsuchtswort. Wer es aber in die eigene Existenz einbuchstabiert, glaubt, sollte es sich auch nicht zu einfach mit diesem Gott machen. Dieser Gott schleift das Leben, macht es mürbe. Und zwar jenseits von menschlicher Schuld.

Ob das Gottesverständnis, für das ich plädiere, einen Albert Camus sagen ließe, „dass die Beteiligung an solcherart theologischem Disputieren nur wertvolle Zeit im Kampf gegen die Übel in dieser Welt"[183] koste, wie Hansjürgen Verweyen nach einer recht oberflächlichen ‚Rekonstruktion' zu meinen soteriologischen Überlegungen meint mutmaßen zu dürfen, vermag ich nicht zu beurteilen. Wenn es um den Grund der Hoffnung geht, so ist Antwort verlangt, und wenn man nicht *a priori* zu wissen, sondern ausschließlich ins Dunkle zu hoffen vermag, so ist dies – ob man will oder nicht – Spekulation. Allerdings hat die hier vorgeschlagene Gottesspekulation nun schlicht gar nichts mit einem Hegelianismus zu tun, da ich Gott konsequent als Freiheit denke.[184] Im Übrigen bin ich

[183] H. Verweyen, Ist Gott die Liebe? Spurensuche in Bibel und Tradition, Regensburg 2014, 150.
[184] Wie Verweyen auf die Idee verfällt, ich würde wie Hegel „in der Menschwerdung Gottes und im Kreuzestod Jesu um der Konsistenz Gottes selbst willen" ein „notwendiges Geschehen" sehen, freilich – dies gesteht er mir zu –

nicht sicher, ob Camus tatsächlich Schwierigkeiten mit dem von mir veranschlagten, von Verweyen falsch oder doch zumindest verkürzt wiedergegebenen Freiheitsbegriff hätte. Sich selbst als Freiheit zu wollen, macht transzendentallogisch (!) den Primärakt der Freiheit aus. So eröffnet sich die Möglichkeit zum Guten und zum Bösen. Zum Bösen bestimmt sich die Freiheit, wenn sie gegen ihr eigenes Wissen das Recht anderer auf freie Selbstentfaltung nicht achtet oder aber auch, vorausgesetzt nur, sie will sich als moralisch empfindsam, anderer Freiheit Möglichkeiten der Selbstentfaltung vorenthält. Wie Verweyen freilich einen freien Schöpfungsakt Gottes denken will, der auf anderes, ihm Ebenbildliches abzielt und das heißt auf endliche Freiheit, ohne dieser Freiheit die Möglichkeit zum Bösen zu eröffnen, müsste er schon erklären. Oder aber denkt Verweyen Gott nicht als Freiheit?

Dies scheint so zu sein. Wenn Verweyen schreibt, Jesus sei „*wegen* unserer Sünden dahingegeben" worden, weil nur „in dem Schrei des vom Nein gegen seine Botschaft der Liebe zertretenen Sohns ... Gott das wahre Bild seiner von der Lieblosigkeit der Menschen bis ins Mark verwundeten Liebe offenbaren"[185] konnte, so legt er damit nahe, dass Gott dies in Freiheit gewollt hat. Ich will auch nicht in Abrede stellen, dass Gott in seiner Liebe durch menschliche Lieblosigkeit bis ins Mark verwundet ist und wird. Wie sollte dies anders sein? Dies gilt doch bereits für den Menschen, der auch nur anfänglich die Erfahrung gemacht hat, was es heißt zu lieben. Aber

---

nicht wie Hegel aus Gründen der spekulativen, sondern der sittlich-praktischen Vernunft, ist mir rätselhaft. Gottes Treue, mit der er, in meiner offenbarungstheologisch begründeten Lesart, sich selbst entspricht, ist doch als eine frei gewährte zu denken. Schon deshalb kann sie nichts mit einer Notwendigkeit Gottes zu tun haben.

[185] Ebd., 188.

einen Camus würde die von Verweyen vorgeschlagene Kreuzes-
ausdeutung doch wohl kaum überzeugen. Warum soll durch
die Schmach des Kreuzes hindurch die Liebe *Gottes* offenbar
geworden sein? Meint Verweyen mit Gewissheit ausschließen
zu können, dass der Hingerichtete doch nur einer derjenigen
war, die deshalb, weil sie für mehr Gerechtigkeit und Barmherzigkeit eintraten, ihr Leben ließen? Aber selbst wenn man so
weit geht, Jesus als den Sohn Gottes zu glauben, so leuchtet
mir nicht ein, warum Verweyen meint, die soteriologische Bedeutung des Kreuzestodes dann doch wieder auf die Sünde
konzentrieren zu müssen. „Der wenigstens war unschuldig",
lässt Camus in *Die Pest*[186] den Arzt Rieux wütend ausstoßen,
als ein Kind qualvoll stirbt, es aufstöhnt in seinen Schmerzen.
Was diese Agonie mit der Lieblosigkeit von Menschen zu tun
haben soll, weiß ich nicht. Und ebenso wenig weiß ich, was
das übrige Naturelend mit der Lieblosigkeit von Menschen zu
tun hat. Dass Jesus die ganze Bodenlosigkeit der Liebe Gottes
offenbar werden lässt, als er selbst hilflos am Kreuz hängt, will
ich theologisch gerne gelten lassen. Eine Antwort auf die Frage
nach dem *Warum überhaupt?* ist in der von Verweyen vor-
geschlagenen Lesart am Kreuz nicht zu finden.

Oder aber man denkt Gott doch nicht als Freiheit. Dann
wäre die Welt notwendig, ja schärfer: sie wäre dann einfach.
Ob man sie dann noch Gott nennt oder nicht, spielt für den
Menschen keine Rolle mehr. Gott hätte die Welt dann nicht
nicht schaffen können, weil er sich in Notwendigkeit vollzöge.
Ist Gott Notwendigkeit, so ist auch die Welt notwendig. Ein
Gott, der die pure Notwendigkeit ist, vermag aber – ich komme
immer wieder auf diesen Punkt zurück – weder andere Freiheit
anzuerkennen noch zu retten. Gegenüber dieser Alternative

---

[186] A. Camus, Die Pest, 176.

lasse ich mich deshalb lieber immer wieder neu von der Frage irritieren, ob der Preis für die Welt, wie sie faktisch ist, nicht zu hoch gewesen sein könnte. Diese Frage setzt allerdings, wenn man sie sinnvoll stellen will, voraus, mit einem freien Gott rechnen zu können. Jedenfalls nominell will dies Verweyen auch. Dass aber diese Welt nicht allein durch moralische Schuld und menschliche Lieblosigkeit so ist, wie sie ist, sie bei aller Schönheit von Anfang an von Schmerz zerrissen war, gebietet das empirische Gewissen einzugestehen. Alles andere ist soteriologische Kreativhermeneutik, Engführung auf die Sünde des Menschen, die nur eines nicht will, nämlich die moralische Fraglichkeit Gottes angesichts der Welt, wie sie ist, zulassen. Der biblische Hiob war vielleicht nicht konsequent genug, dafür jedoch empirisch redlicher als es die auf die Sünde Fixierten je sein werden. Dächte Verweyen deshalb Gott konsequent als freilassende Freiheit, dächte er vor allem geschichtlich, so würde vermutlich auch ihm die Empirie zum Problem werden. Nochmals: Nicht, dass Verweyen Gott nicht als Freiheit bestimmte. So heißt es, dass Gott, „der aus seiner absoluten Einheit heraus freie Wesen sich gegenübersetzt", „selbst frei sein" müsse.[187] Aber dann muss auch er mit einer radikalen geschichtlichen Kontingenz rechnen. Meines Erachtens ist Verweyens Denken noch viel zu stark von einem Urstandsdenken bestimmt. Und ist es wirklich so, dass der freie Gott sich einen freien Menschen mit einem bestimmten Gottesbewusstsein gegenübergesetzt hat? Bereits im Anfang dem Menschen in bestimmter Weise das Bild des Absoluten eingeprägt war?

Ich lasse mich gerne korrigieren. Aber wenn ich mich nicht täusche, so rechnet Verweyen tatsächlich mit einem anfänglich

---

[187] H. Verweyen, Einführung in die Fundamentaltheologie, Darmstadt 2008, 154.

vorhandenen, dann durch die Sünde verdunkelten Gottesbewusstsein des Menschen. Hierfür spricht auch, dass er davon
ausgeht, dass angesichts der Gestalt des Offenbarungszeugnisses,
des Kreuzes, des „Gebetsschreis" Jesu, der „die Verlassenheit
Gottes selbst an den Tag gebracht" und der Jesu „volle Einheit
mit dem Vater offenbart" habe, die Jünger Jesu hätten erkennen
müssen, dass dieser Mensch der Sohn Gottes war: „Sie selbst,
nicht Jesus, waren gescheitert".[188] Was übersetzt heißt: Weil die
Jünger angesichts des Gekreuzigten nicht glaubten, sündigten
sie. Und was doch wohl auch heißt, dass bis heute alle, die nicht
glauben, sündigen.

Wirklich? Ich bin nicht sicher. Sicherlich mussten die Jünger Jesu den Gekreuzigten nicht „nur als gescheitert"[189] betrachten. Sie hätten bei ihrem Glauben an ihn bleiben können.
Aber wer nicht glaubt, dass dieser Mensch gescheitert ist, sondern dass in ihm, mit ihm und durch ihn tatsächlich endgültig
das Reich Gottes begonnen hat, Wirklichkeit zu werden, *glaubt*
eben – hofft auf einen Gott, der zu dem Gekreuzigten stand,
ihn zu neuem Leben auferweckte. Weder hätten die Jünger damals wissen, was wohl für Verweyen identisch ist mit: glauben
müssen. Noch gibt es ein solches *Müssen* heute. Man kann
glauben. Aber es ist auch nicht auszuschließen, dass der so
furchtbar Hingerichtete nur eines der vielen anderen Opfer
der Weltgeschichte ist. Gerne zugeben will ich gegenüber Verweyen, dass mein Disputieren nicht die Übel in der Welt hin-
wegnimmt, höchstens eines – und vielleicht lohnt es sich dafür
ja dann doch, Zeit zu investieren: Dass denen, die nicht zu
glauben vermögen, wie ein Camus, ein Améry und die vielen
anderen, auch noch vorgehalten wird, sie müssten es doch ei-

---

[188] Ebd., 155.
[189] Ebd.

gentlich. Ich lasse Camus das letzte Wort, zitiere nochmals aus seiner berühmt gewordenen Rede im Dominikanerkloster im Jahr 1948: „Ich teile mit Ihnen das Grauen vor dem Bösen. Aber ihre Hoffnung teile ich nicht und werde nie aufhören, gegen diese Welt zu kämpfen, in der Kinder leiden und sterben."[190] Ob Gott ein letztes Wort hat, auch noch die, die nicht zu glauben vermochten, wird trösten können, bleibt abzuwarten.

Gottes eschatologische Allmacht und sein mögliches Scheitern

Ist Gott allmächtig? Wer dies bejaht, sollte wissen, dass er einen Hoffnungssatz sagt. Der christliche Glaube steigert diese Hoffnung ins Extrem. Er behauptet, Gott selbst habe dieser Hoffnung Grund gegeben, weil er den „getöteten Zeugen seiner Liebe" (Thomas Pröpper), Jesus, zu einem neuen Leben auferweckt habe. Und zugleich behauptet er, dass Gott das, was er an Jesus vollzogen habe, auch an einem jeden anderen Menschen vollziehen, er die Tränen abwischen und den Gemordeten und Gedemütigten Gerechtigkeit verschaffen werde. Und sollte sich dieser geglaubte Gott tatsächlich als der letzte Grund aller Wirklichkeit erweisen, nach dem sich die Menschheit seit alters her ausstreckt, so wird er wohl noch einiges zu tun haben in dem, was die Bildersprache Gericht nennt. Er wird noch viele Menschen überzeugen müssen, die wohl hätten glauben mögen, denen aber gerade ihre Sensibilität für das menschliche Leben es unmöglich machte, dass sie noch an einen gütigen Gott zu glauben vermochten.

Und damit drängt sich ein Gedanke, auch ein Erschrecken auf. Kann Gott scheitern? Gibt es Grenzen der Allmacht Gottes?

---

[190] A. Camus, Der Ungläubige und die Christen, 61.

Ja, es gibt sie, wenn Gott tatsächlich so ist, wie er hier zu denken versucht wurde. Denn wenn Gottes Sehnsucht wirklich der freie Mensch ist, der Grund der Schöpfung vielleicht nicht nur, jedoch allem voran darin bestand, dass er sich auf etwas beziehen wollte, das ihm ebenbildlich ist, auf einen Menschen, dem er würde Freund werden können, auf Menschen, die sich ihrerseits Freunde und Freundinnen sein können, dann bleibt Gott nichts anderes, als sich restlos der Freiheit des Menschen auszuliefern. Gott kann dann nur noch warten, notfalls lange – so lange, bis auch der letzte Mensch sich einfangen, bis in die letzten Fasern seiner Existenz überzeugen lässt von der Allmacht Gottes, die sich strikt begrenzt in ihren Möglichkeiten, die mit nichts anderem um sich wirbt als mit den Mitteln der Liebe. Der Glaube vertraut darauf, dass Gott dies gelingen wird. Deshalb gipfelt das eucharistische Eingedenken des im Glauben in Jesus endgültig offenbar gewordenen Gottes auch in dem „für alle".[191]

Nicht, dass es keine Möglichkeit zur Umkehr mehr gäbe. Unbedingte Liebe kann endlos warten, weil sie will. Sie kann zornig sein, will aber nicht vernichten. Und sie tanzt auch nicht über die Geschichte hinweg. Sie achtet, was geschehen ist, deckt auf, weint mit den Opfern und zeigt ihre geschundenen Körper und Seelen den Tätern. Sie hofft auf Reue, die Bitte um Verzeihung, damit Versöhnung möglich werden kann. In allem aber wirbt Gott um Verständnis für sich. Er wirbt um Verständnis dafür, dass die Schönheit des Lebens begleitet ist von unendlich vielen Undurchsichtigkeiten, von den Erfahrun-

[191] Vgl. hierzu meine Überlegungen in: Nur für viele oder doch für alle? Das Problem der Allerlösung und die Hoffnung der betenden Kirche, in: ders. (Hg.), Gestorben für wen? Zur Diskussion um das „pro multis", Freiburg 2007, 81–92.

gen des Mangels und den diese Erfahrungen begleitenden Melancholien, die den Einzelnen überkommen.

Allmachtsglaube und österliche Hoffnung

Und Ostern? In extremer Verdichtung fassen die Kar- und Ostertage diese Geschichte Gottes mit der Menschheit zusammen. Um die ganze Größe dieses Glaubens spüren zu können, sollte man sich nicht verleiten lassen, mit einem guten Urzustand, einem friedvollen Beieinander in der Schöpfung vor dem Antlitz Gottes zu rechnen, das erst der Mensch zerstörte. Die biblischen Schöpfungsmythen erzählen nicht den guten Anfang, sondern die Hoffnung auf ein gutes, von Gott ermöglichtes Ende. Sie erzählen eine Utopie von dem Gott, der alles riskiert hat, ja der – wie der christliche Glaube behauptet – sogar selbst Mensch wurde, weil er die Sehnsucht nach einem freien Gegenüber hatte und diesem so nahe sein wollte, wie es in der Dimension der Geschichte überhaupt geht, um ihn mit sich zumindest anfänglich zu erfüllen und ihn zum Leben zu ermutigen.

Harmlos ist dieser Glaube nicht, er war es nie und wird es auch nie sein. Denn als der Mensch aufkam, Bewusstsein und Freiheit entwickelte, kam auch das Böse in die Welt. Aus einem zunächst nackten Überlebensdrama entwickelten sich höhere Sozialformen, auch höhere Möglichkeiten der moralischen Selbstbestimmung. Und so wurde das Böse in seiner ganzen moralischen Abgründigkeit geschichtlich möglich. Aus einem Grund, der letztlich nicht mehr verstehbar zu machen ist, bestimmt sich der Mensch immer wieder dazu, kleinlich zu werden oder sich gar gegen andere Menschen zu wenden. Bis dahin, dass es zu nackter Brutalität kommt. Paulus, ich hatte darauf verwiesen, hat diese Erfahrung, das Gute zu wollen und doch das Gegenteil zu tun, eindringlich beschrieben. Kant hat dieses Phänomen ebenso immer wieder beschäftigt und zum Thema gemacht. Eine Hannah Arendt und so viele andere auch.

Selbstverständlich gehört auch diese Neigung des Menschen zum moralisch Bösen zur Botschaft von Ostern. Sie gehört in die Feier der Liturgie hinein. Denn hier wird ein Gott vergegenwärtigt, der dazu aufruft, in ein Land der Freiheit zu gehen, neugierig das Leben in Solidarität zu riskieren und sich nicht zu ängstigen, weil er sich nicht mehr ängstigen muss, da dieser Gott hinter ihm steht. Dass dies faktisch immer wieder misslingt, der Mensch dann doch wieder auf sich zurückfällt, sich verstrickt in den Selbstbehauptungswillen, macht die Schuld zur Sünde. Das Missverhältnis im Menschen wird zum Missverhältnis vor Gott. Dass der Mensch seine Möglichkeiten immer wieder unterschreitet, er von einer gnadenlosen, unbarmherzigen Lieblosigkeit ist, geht ihm angesichts des Kreuzes dessen, der ganz von Gott aus und damit von seiner Liebe aus gelebt hat, umso schmachvoller auf. Bedrücken aber muss dies nicht. Zwar wiegt die Schuld, beschämt sie, aber sie ist aufgefangen von dem Gott, der ein unbedingtes Ja zum Menschen geschichtlich offenbar hat werden lassen, so dass der Mensch von diesem Ja her leben kann. In diesem Sinn ist Jesus für die Sünde gestorben. Und zwar für die Sünde aller. Denn im eschatologischen Angesicht Gottes wird allen aufgehen, was möglich gewesen wäre. Aber auch Gott selbst wird gefragt sein, weil die Welt von Anfang an von Mängeln bestimmt – und er verborgen war.

Jetzt hingegen können dann nur die Gläubigen sündigen. Und wie viel freier Wille dann dahinter steht, darf gefragt werden. Erfüllt sich die eschatologische Hoffnung auf ein Gericht, so werden die Taten aller Menschen nochmals in einem anderen, dem göttlichen Licht erscheinen. Welche Fragen wer dann wem stellt, dem will ich hier nicht nachgehen. Ich möchte mich auf den Gedanken beschränken, dass vielleicht erst im Gericht aufgeht, was Sünde ist – und unendlich viele Menschen die Frage an Gott richten werden: *Warum mir erst jetzt?* Wer weiß, was dort geschieht und wie intensiv gefragt werden wird? Werden sich die Opfer der Geschichte beklagen, weil sie unter der moralischen Blindheit der Täter gelitten haben? Werden sie Gott die Frage stellen, ob dies alles so sein musste? Es tatsächlich den Preis wert war? Und was ist mit den Tätern, wenn ihnen vor dem Antlitz Gottes und denen, die sie gedemütigt, gefoltert und massakriert haben, ihre Taten vor Augen geführt werden? Wenn es ein Gericht geben soll, wird dies doch kaum anders gehen. Oder aber auch im Himmel regiert das Unwahre. Werden die Täter es aushalten? Werden sie Reue zeigen und um Vergebung bitten können? Und was ist mit denjenigen, denen dieses Leben zu viel wurde? Die in ihrer Traurigkeit verzweifelten und sich in ihrem Schmerz an keinen Gott klammern konnten, weil sie nicht glauben konnten?

Wenn es ein Gericht gibt, in dem Gott erscheinen wird zu richten die Lebenden und die Toten, dann wird es ein Gericht mit vielen Fragen, Vorwürfen und Klagen sein, es wird schmerzhaft werden. Aber es werden dann nicht nur die Menschen gefragt werden, sondern auch Gott.

Exkurs II: Zu einer Auseinandersetzung mit der „Gottesschleife" von Karl-Heinz Menke

Sehr bald nach dem Erscheinen dieses Buches ließ der Bonner Theologe Karl-Heinz Menke in einem Vortrag auf einem Treffen des Joseph-Ratzinger-Schülerkreises in Castel Gandolfo eine erste Reaktion folgen. Ich beziehe mich im Folgenden nicht auf den Vortragstext, sondern auf die überarbeitete und ergänzte Fassung, die dann Anfang 2015 publiziert wurde.[192] Menke setzt sich hier nicht nur kritisch mit meinen Ausführungen, sondern auch mit denen von Ottmar Fuchs auseinander. In meiner Replik begrenze ich mich allerdings auf seine Auseinandersetzung mit mir. Wenn ich mich pointiert von Menke absetze, so sei nicht verschwiegen, dass es auch viele Gemeinsamkeiten im Denken gibt – im Folgenden konzentriere ich mich jedoch auf eine kritische Entgegnung.

Für „absurd" hält Menke meine Überlegung, dass erst sündigen könne, wer glaubt, oder gar, dass man nur in dem Maße sündigen könne, in dem man gegen den eigenen Glauben handelt (5). Freilich weiß auch ich, wie irritierend diese Überlegung angesichts einer theologischen Tradition ist, die selbstverständlich davon ausging und -geht, dass ein jeder Mensch Sünder ist. Aber Tradition allein ist kein Argument. Was Normativität für sich beansprucht, muss überzeugende Gründe aufweisen können, und so schicke ich voran: Korrekturbedarf an meiner Überlegung sehe ich nach der Replik von Menke nicht. Nochmals deutlicher geworden ist mir aber, dass Begriffe Konzepte sind, in denen versucht wird, sich darüber zu verständigen, was

---

[192] Karl-Heinz Menke, Das Kreuz als Mitte der Geschichte oder: Was Christus für alle Menschen aller Zeiten getan hat, in: IkaZ 44 (2015) 85–107. Folgende Seitenangaben im Text beziehen sich auf diesen Aufsatz.

gelten soll. Mein Sündenbegriff meint in seiner Primärbestimmung etwas gänzlich anderes als der von Menke.

Was meint Autonomie?

Menke anerkennt zunächst durchaus das, was in der Neuzeitphilosophie als Autonomie, d. h. als Selbstgesetzgebung praktisch-moralischer Vernunft ausgearbeitet wurde. Namentlich kommt er auf Kant zu sprechen. Was Kant als das „unbedingte Sollen des transzendentalen Ich" beschreibe, sei „vom Schöpfer her gesehen" *„geschenkte* Autonomie" beziehungsweise das, „was die Heilige Schrift den Willen des Schöpfers nennt" (86).

Zunächst will ich nicht hoffen, dass die teils drastische Sanktionspraxis in Fällen, in denen Menschen gegen das verstoßen, was als Wille Gottes geglaubt wird, tatsächlich dem Willen Gottes entspricht. Ein solcher Gott wäre aus moralischen Gründen abzulehnen. Aber das ist auch nicht der Punkt, auf den es mir hier ankommt. Denn bereits eine Rekonstruktion biblischer Schriften zeigt, dass das, was für den Willen Gottes gehalten wurde und wird, inhaltlich erheblich divergiert. Damit gibt es, wenn man den Kanon der Bibel in seinen historischen Schichten ernst nimmt, auch im Bereich des Religiösen eine kulturelle Evolution. Gibt es aber kulturelle Evolution, so hat dies erhebliche Auswirkungen auf die Entwicklung des konkreten moralischen Bewusstseins. Als die Todesstrafe noch theologisch legitimiert und selbstverständlich war, dürften nur wenige Menschen ethische Probleme mit ihr gehabt haben. Dies änderte sich erst, als der Prozess der Selbstsensibilisierung der Menschheit für die unbedingte Würde eines jeden Menschen voranschritt; die religiöse Rahmung der Moral wurde damit in Fragen der Geltung fragwürdig. Selbst denen, die Grauenhaftes getan haben, wird ihre Personenwürde nicht abgesprochen, was auch bedeutet: Ihr Leben ist und bleibt, um es in religiösem Vokabular zu sagen, heilig. Damit zeigt sich aber bereits: *Was* unbedingt gesollt ist, steht nicht einfach und für alle Zeit fest; es musste und muss vielmehr mühsam erschlossen werden, teils auch gegen religiöse Moralvorstellungen, die keine selbstverständliche Geltung mehr beanspruchen konnten. Gegen eine sich aus der religiösen Rahmung emanzipierende Moderne insistierte die lehramtliche Theologie vor allem des 19. Jahrhunderts zwar auf dem Anspruch, den göttlichen Willen identifizieren zu können. Es ist jedoch daneben nicht zu verschweigen, dass auch innertheologisch die (biblisch vielleicht eher selbstverständliche) Sensibilität für eine Lesart der Welt im Horizont eines Gottes wiedergewonnen oder durchgehalten und verstärkt wurde, nach der Menschen über eine moralisch überprüfte und theologisch reflektierte Vermutung über das, was dem erhofften Gott gefallen könnte, nicht hinausreichen. Diese Traditionsstränge begegneten dem Naturrecht bzw. der Denkfigur des göttlichen Rechts zunehmend mit Skepsis. Gegen ein Naturrecht wurde und wird hier ein Vernunftrecht gestellt, nach dem das Geltung beanspruchen darf, was mit Gründen einsichtig gemacht und als allgemeines Recht kommuniziert werden kann. Moralische Ansprüche können nur für das erhoben werden, was aus eigener Einsicht als das zu Sollende eingesehen ist. Neuzeitlich ist dann von Autonomie zu reden.[193]

Als Kant schließlich zu der grandiosen Formulierung fand, die oberste Maxime, der die Willensbestimmung unterworfen werden solle, sei, einen Menschen „niemals bloß als Mittel,

---

[193] M. Striet/R. Werden, Welcher Gott will welches Gesetz?, in: Herder Korrespondenz 69 (2015) 19–23.

sondern jederzeit zugleich als Zweck an sich selbst"[194] zu betrachten, war eine neue Etappe kultureller Evolution im Bereich des Ethischen erreicht. Allerdings dachte Kant noch nicht in der Kategorie von Evolution. Er ging von einer zeitlosen Faktumsgewissheit aus, dem *Du sollst*. Für Kant ist der Mensch immer bereits mit der moralischen Gewissheit konfrontiert, sich ethisch verträglich gemäß seiner Selbstzwecklichkeitsformel bestimmen zu sollen. Aber bei aller Ehrerbietung Kant gegenüber bin ich hier skeptisch. Was moralisch gesollt ist, d. h. auch das, was in Kants kategorischem Imperativ formuliert ist, ist als Einsicht das Ergebnis historisch kontingenter Prozesse. Kants Imperativ, einen jeden Menschen als Zweck an sich selbst betrachten zu sollen, weist, so sehr er sich auch in der Realität bewähren und daher evident erscheinen mag, den Index geschichtlicher Kontingenz auf. Dieser Imperativ wurde mit Universalitätsanspruch als der Vernunft eingeschrieben formuliert. Ihn und seine Erfolgsgeschichte als das Ergebnis geschichtlicher Prozesse von Menschen zu begreifen, die sich in der Verantwortung gesehen haben, ihre moralischen Positionen ohne Rückgriff auf eine absolute Autorität entwickeln und Gesellschaft auf dieser Grundlage gestalten zu müssen, schwächt die Dignität seines Inhaltes keineswegs. Es verdeutlicht jedoch seine Fragilität. Wer synchron denkt, weiß, wie umstritten ein ,westlicher' Menschenrechtsbegriff bis heute faktisch ist. Nicht, dass ich diesen in seinem normativ-universellen Anspruch relativieren möchte. In der Logik des westlichen Menschenrechtsbegriffs ist dieser universal, und damit darf er auch nicht mehr aufgrund von unterschiedlichen kulturellen Dynamiken relativiert werden. Aber er ist geschichtlich kontingent generiert. Genau an dieser Stelle liegt eine entscheidende Differenz in

---

[194] I. Kant, Grundlegung zur Metaphysik der Sitten (= WA; VII), BA 75.

der Architektur der theologischen Positionen: Während Menke, wenn auch wegen der Sünde notwendig vermittelt über die Lehre der Kirche, einen Rückgriff auf den der rechten Vernunft eingeschriebenen Willen Gottes für möglich und damit für unbedingt geboten hält, halte ich es mit der Kontingenz. Die Möglichkeit des Scheiterns in dem eigenen moralischen Ringen ist mehr als bedauerlich. Darüber tröstet auch nicht hinweg, dass dieses Scheitern phänomenologisch allgemein zu sein scheint. Doch wird, erkennt man sie an, auch der Weg frei für eine Theologie, die das Verhältnis zwischen Gott und Mensch als Freundschaft denkt – und wie sollte diese möglich sein, wenn nicht zwischen zwei freien personalen Wesen? So kann auch die Gottesvorstellung anders akzentuiert werden: Nicht mehr der Gesetzgeber-Gott stünde im Vordergrund, sondern der zur Moralität und Solidarität ermutigende Gott, der unter dem Scheitern leidet, dem aufrechten Menschen aber unermüdlich, anthropomorph gesprochen, den Rücken zu stärken versucht. Wer diese Stärkung in seinem Leben zu identifizieren vermag, sich auf einen solchen Gott einlässt, kann von Glück sagen, zu glauben. Wer dann (!) leichtfertig die damit eröffneten Möglichkeiten ausschlägt, der sündigt. Um der Redlichkeit in den eigenen Erkenntnisansprüchen, der Akzentuierung des erhofften Gottes als liebend und des Verhältnisses zum Menschen als eines der Freiheit willen integriere ich das Phänomen der Kontingenz als Strukturprinzip in mein theologisches Nachdenken.

Bezogen auf Gott aber bedeutet dies, wenn Gott – und gemeint ist auch bei Menke der freie Gott – existiert, so kann man von geschenkter Autonomie reden. Aber der Begriff dieses Gottes ist, folgt man Kant, ein Vernunftbegriff, sprich: Er ist ein philosophischer Begriff, der den gedachten ontologischen Gehalt nicht aus sich selbst heraus zu garantieren vermag.

Theologische Konsequenzen aus der Einsicht kontingenter Moralität

Wie geht man aber theologisch mit dieser kulturgeschichtlichen Einsicht um, dass erst ins Bewusstsein gehoben werden, dass erst politisch etabliert und sich erst in der Erfahrung bewähren musste, was heute den Menschenrechtscodex jedenfalls der westlichen Hemisphäre bestimmt? Und dass auch der Gottesbegriff in diesen Reflexionsschüben entwickelt wird?

Viele Möglichkeiten bleiben hier nicht. Und wenn ich es recht sehe, so stellt sich Menke dieser Frage auch nicht. Der organisierende Ausgangspunkt seines Denkens ist die Sünde des Menschen als Verstoß gegen den göttlichen Willen. Was versteht Menke aber unter Sünde?

Menke expliziert den Begriff, indem er auf die Differenz von Gott und Mensch eingeht. Der Mensch könne „im Unterschied zu Gott nichts erschaffen – von einer Ausnahme abgesehen: Er kann die Wirklichkeit erschaffen, die Gott nicht will", die von diesem, „anthropomorph gesprochen", „gehasst" werde, „nämlich die Sünde" (4). Wie kommt es dazu? Zunächst gesteht auch Menke zu, dass der geforderte „Gehorsam gegenüber dem unbedingten Sollen ... ebenso geschichtlich situiert ist wie der Gehorsam gegenüber dem göttlichen Willen". Nie sei das „‚Ich' bloßes Epiphänomen der Verhältnisse, die es immer schon vorfindet." (5) Dem stimme ich zu, allerdings mit Blick auf die Freiheit. Gäbe es keine Freiheit, so erübrigte es sich, über moralisches Versagen nachzudenken. Aber das erklärt noch nicht, was, um es ins Bild zu bringen, im Paradies geschah. Für Menke scheint klar zu sein, dass dem Menschen ‚von Anfang an' ein von Gott gegebenes Bewusstsein davon zu eigen war, was gesollt ist. Was Kant als Sollensgewissheit auf den Begriff brachte, darum wusste, wenn ich Menke richtig verstehe, auch bereits der erste Mensch. Nur so erklärt sich, warum es für Menke keinen

Menschen gibt, der nicht Sünder ist, d. h. dessen Sollensverstoß in Freiheit nicht auch Verstoß gegen den Willen Gottes, also Sünde ist. Interessant ist, dass er unter Berufung auf Michael Theobald an den Römerbrief des Paulus erinnert: „Wird das ganze Ausmaß des menschlichen Verfallenseins an die Sünde erst in Christus offenbar, so sind es andererseits doch davon unabhängige Instanzen, die schon von sich her die Menschen schuldig sprechen: das Gesetz, das seine Übertreter anklagt (Röm 3,19; 5,13), und das Gewissen (Röm 2,15) bzw. die Vernunft (Röm 1,20; vgl. 7,23), durch welche die Heiden mit dem Anspruch des Schöpfers konfrontiert werden." (102, Anm. 4) Zwar ist mir nachvollziehbar, warum Paulus so dachte. Er wollte, um es modern zu formulieren, die Universalität der Sollenserfahrung beschreiben, vor allem aber wollte er die soteriologische Universalität des Kreuzes explizieren. Ob er aber ein Autonomiedenker im neuzeitlichen Sinn war, wage ich zu bezweifeln. Der moderne Heide *weiß* sich nicht notwendig in der eigenen Schulderfahrung mit dem Anspruch des Schöpfers konfrontiert, sondern erkennt in dieser Erfahrung zunächst einmal seine Selbstverfehlung. Er verfehlt sich jedoch nicht gegen ein ihm eingeschriebenes, objektives Sollen, sondern gegen den Anspruch einer gesetzten Norm, die er selbst als verpflichtend anerkennt, die er als moralische Norm damit selbst setzt. Immer vorausgesetzt, er ist überhaupt moralisch sensibilisiert.

Worauf ich nur hinweisen möchte, ist, dass Schuld erst im Glauben zur Sünde wird. Auch dass Schuld im Gericht Gottes, – wenn es denn eintritt, weil der in der Glaubenslogik gesetzte Gott tatsächlich existiert, – auch noch eine andere Dimension zeigt, will ich gerne zugestehen. Und so riskiere ich auch sehr überzeugt eine anthropomorphe Sprache: Es ist das Entsetzen Gottes darüber, was Menschen einander aus Boshaftigkeit zufügen, das hier offenbar werden wird. Und er wird sich auch über die entsetzen, die nicht einmal mit der Möglichkeit dieses Gottes rechnen. Deshalb kann man durchaus denken, dass das, was als Schuld eingesehen ist oder noch wird, auch noch in die Dimension ‚vor Gott' gestellt wird. Die Eschatologie spricht hier von dem Gericht, das sich am Ende der Zeiten ereignen wird. Wenn die Täter in diesem Geschehen sich von ihren Opfern beschämen lassen müssen, so werden sie sich dann auch vor Gott schämen.

Aber die Verhältnisse könnten komplizierter sein. Haben Kinder, die ins Militär gepresst werden, wirklich die Möglichkeit, nein zu sagen? War das zehnjährige Mädchen, das sich im Januar 2015 auf einem Markt in Nigeria in die Luft sprengte und zwanzig Menschen mit in den Tod riss, innerlich überzeugt und in der Lage, die Verantwortung für sein Handeln zu realisieren? Hat es wirklich den Anspruch des Schöpfers verspürt, von dem Paulus spricht und der von Menke mit der Sollenserfahrung Kants identifiziert wird?

Ich bin da nicht so sicher, wie Menke sich sicher zu sein scheint. Natürlich ist der Grat zwischen Schuldzuschreibung einerseits und der Verabschiedung der Rede von der Schuld andererseits ein schmaler. Aber es gehört zu den Errungenschaften der Humanwissenschaften, die Grenzen der Selbstbestimmbarkeit des Willens ausgelotet zu haben. Deshalb gibt es nicht nur den Strafvollzug, sondern auch die Psychiatrie.

Vor allem aber braucht es das Bewusstsein, vor Gott zu stehen, die Möglichkeiten, die sich eröffnen, wenn man sich auf diesen Gott einlässt, damit die Schuld zur Sünde wird. Dazu braucht es nicht das Bewusstsein irgendeines Gottes, sondern das Bewusstsein des Gottes, der beim Propheten Hosea von sich sagt, er habe ein Herz aus Fleisch. Nehme ich aber die kulturgeschichtlichen Einsichten auf, die ich angedeutet habe, so ist davon nicht zwangsläufig auszugehen. Die Entwicklung dieses Gottesbewusstseins unterliegt historischen und biographischen Kontingenzen. Und seit der Mensch kritisch gegen sich wurde, wie weit seine Vernunftanstrengungen reichen, wurde ihm zudem Gott zu einer fraglichen Größe. Sünde gibt es nun nur noch theologisch, d. h.: wenn die Größe Gott *gesetzt* wird. Was möglich ist, solange die Denkmöglichkeit des freien, in die Geschichte sich inkarnierenden Gottes nicht ausgeschlossen werden kann. Wenn dann aber ein Mensch redlichen Herzens sagt, es ist kein Gott, wie soll dann die von ihm empfundene Schuld jetzt bereits auch Sünde sein?

Der eigentliche Dissens zwischen Menke und mir liegt gleichwohl an einer anderen Stelle. Für mich ist das erste Wort des Christentums bezogen auf den Menschen nicht das der Sünde, wenn man darunter einen Verstoß gegen den Willen Gottes versteht. Dass ich damit gegen den obsessiven Gebrauch dieses Wortes revoltiere und damit Paulus, Augustinus, Luther und überhaupt einen Großteil der Theologie gegen mich habe, weiß ich – aber es beeindruckt mich nur wenig. Es geht nicht darum, der Logik der Schuldverdrängung zu verfallen; die gibt es gesellschaftlich, ja, aber noch stärker hat sich etwas anderes gesellschaftlich und kulturell festgezurrt: dass das Christentum nicht anders über den Menschen reden kann, als ihn auf seine Sünde zu fixieren. Gott wurde darüber zum Unwort, weil sich mit diesem Gott nicht leben lässt.

Ausfall der Theodizee

Ich komme darauf zurück, will aber zunächst einen anderen zentralen Kritikpunkt Menkes an meinen Überlegungen aufgreifen. Ich setze schroff ein, denn es geht um nicht weniger als um Gott – und um den Menschen. Theodizeebelastet ist die Theologie, die Menke in diesem Text vertritt, nicht gerade. Letztlich unterstellt Menke mir Marcionismus beziehungsweise Gnostizismus. Ich will nicht auf die Frage eingehen, was der historische Marcionismus wollte. Menke bringt ihn systematisch wie folgt auf den Begriff: „In fast allen Gnostizismen ist die Schöpfung ein Vorgang, der eigentlich nicht sein sollte. Im Marcionismus ist Gott zerrissen zwischen der Erschaffung einer Welt, die fortlaufend Böses gebiert, und der Erlösung, die die Sünde der Schöpfung sühnt." Und Menke fährt fort: „Es scheint mir kein Zufall, dass diese Scheinlösung der Theodizeefrage wieder Hochkonjunktur hat. Denn in einer Welt, in der das Wort ‚Sünde' aus dem gängigen Wortschatz verschwindet oder in Schlagertexten für den Genuss von zuviel Schokolade verwandelt wird; in einer Kirche, in der die Beichtstühle verwaist sind; und in einer Gesellschaft, in der alle immer Opfer von Veranlagung, Milieu, Erziehung und Umwelt sind, ist zumindest der einzelne Mensch kaum oder gar nicht verantwortlich für das Unheil der Welt und auch nicht für seine Selbstverfehlung. In der Attitüde des Opfers stellt er die Frage, warum diese Welt so ist, wie sie ist; warum es sie überhaupt gibt oder nicht zumindest eine bessere Ausgabe der Schöpfung." (87)

Über den „Diktatur des Relativismus"-Jargon dieser Äußerungen möchte ich mich nicht auslassen. Sollte ich gemeint sein, so kann ich nur eines erwidern: Ich stelle die Frage, warum es diese an so vielen Stellen unheilvolle Welt gibt, nicht aus der Perspektive derer, die es nicht gewesen sein wollen, sondern derer, die es mit diesem Leben nicht mehr aushalten: sei es, weil sie von Krankheiten und Schmerz gebeutelt sind, sei es, weil sie schlicht keinen Sinn mehr erkennen, sei es, weil sie von anderen gedemütigt – gefoltert wurden. Was Menke inszeniert, basiert auf soziologischer Phantasie. Wer so lebt, wie Menke beschreibt, d. h., wer auf Entschuldigungskurs ist, fragt nicht mehr, warum die Welt so ist, wie sie ist, und nicht vielmehr gar nicht. Wer danach fragt, ist am Rand der Verzweiflung. Schelling war so jemand. Der biblische Hiob war so jemand. Paul Celan war so jemand. Und eine Christine Lavant war so jemand. Meine Erwähnungen aus dem Bereich der Intellektuellen und Kulturschaffenden wären problemlos erweiterbar. Und zur Kenntnis zu nehmen wäre auch, dass das Vermissen Gottes auch in der Massenkultur immer wieder Thema wird. Was aber erfolgreich ist, setzt einen Resonanzraum voraus. Man erkläre mir den Erfolg der Filme des deutschtürkischen Regisseurs Fatih Akin, wenn es diesen Raum nicht gäbe. Denn ohne die alte Frage der Theodizee lassen sich diese Filme schlicht nicht verstehen.

Wen aus der Theologieszene Menke meint, weiß ich nicht. Bezogen auf mich ist seine Rekonstruktion falsch. Ich vertrete nicht die Überzeugung, „Gott hätte auch eine andere als die faktische Welt schaffen können" (87). Über die Frage, ob Gott nicht auch die Möglichkeit des Bösen in sich haben muss, wenn er aller Möglichkeit – und das gebietet das Allmachtsprädikat zu denken – mächtig sein soll, will ich mich hier nicht auslassen. Es sei nur so viel angedeutet, dass Gott zumindest den Begriff des Bösen in sich ausbilden muss, um Böses als Böses identifizieren zu können. Wenn ich von Gott als unbedingter Liebe rede, so folgt dies einer Offenbarungslogik: Angesichts der Radikalität, mit der Jesus seinen Weg ging, er selbst noch (so der Glaube!) am Kreuz Zeugnis ablegen wollte von dem Gott, den er den Menschen seiner Zeit zuvor zugesprochen hatte, gibt es keinen Grund mehr, daran zu zweifeln, dass dieser Gott Liebe ist und treu bleiben wird. Vorausgesetzt nur, das christologische Bekenntnis gilt. Von daher kommt diesem Ereignis auch *absolute* Bedeutung zu. Und dies schon deshalb, weil die Vorstellung, dass Gott selbst als Mensch gehandelt hat, danach verlangt, strikt an der Wesenseinheit Gottes festzuhalten. Wenn Hans Blumenberg bezogen auf den historischen Marcionismus „von dem in der christlichen Dogmengeschichte nur mühsam verhinderten Dualismus des Schöpfers und des Erlösers spricht, des Demiurgen und des Menschengottes, des bindenden Vaters und des frei machenden Sohnes"[195], so hat er genau gesehen, in welcher Dauergefahr der christliche Glaube von Anfang an stand, nämlich an der Theodizeefrage zu scheitern – hier der gute, erlösende Sohn, dort der sich verbergende, von keinem Menschenschicksal berührte Vater. Dass von diesem Vatergott schließlich nicht mehr viel übrig bleiben, er den Gottestod Nietzsches erleiden würde, war kalkulierbar. Dieser Gott durfte nicht sein. Aber ebenso wenig durfte der Gott sein, der den Menschen auf eine Sünde festnagelte, diesen zum totalen Sünder abstempelte. Wenn ich aber in einer anderen Logik denke, darauf bestehe, dass im Leben Jesu das Wesen des *einen* Gottes offenbar geworden sei, wie sollte ich dann der Idee verfallen, Gott hätte auch eine andere, bessere Welt schaffen können?

Nein, diese Welt ist die bestmögliche aller Welten, wenn ich dem Gott traue, der sich als der Jude Jesus von Nazareth offenbar gemacht hat, auch wenn sie dann immer noch eine ist, in der Schmerz, Elend und Tod und das Risiko gewalttätiger Exzesse von Freiheit sind. Sie ist die Welt des *einen* Gottes. Deshalb ist theologisch auch nicht die Frage relevant, ob diese oder eine andere Welt hätte sein sollen. Die Frage, wie ich sie stelle, ist eine andere. Gott hätte es doch unterlassen können, eine Welt zu schaffen und ihren Logiken ihren Lauf zu lassen. Wenn erst einmal behauptet wird, Gott habe die Welt aus dem Nichts heraus geschaffen, so ist die Frage zu stellen, ob er es nicht auch hätte unterlassen können, ja müssen, angesichts des

---

[195] Hans Blumenberg, Arbeit am Mythos, Frankfurt 1996 (1978), 581.

Risikos, das er einging in seiner Möglichkeiten erwägenden Freiheit. Wenn bei Gott nichts unmöglich ist, wie der Engel in der literarischen Inszenierung Maria verkündet, sie werde ein Kind gebären, dann wäre Gott auch dieses nicht unmöglich gewesen. Mit gesellschaftlicher Schuldverdrängung hat diese theologische Anschärfung der Theodizeefrage nichts zu tun. Es wird nur das *ex nihilo* durchbuchstabiert.

Die seit dem 19. Jahrhundert zu beobachtende Anschärfung der Theodizeefrage hat andere Gründe. Es geht um das Erlernen von Autonomie. Wenn erst einmal in der Kategorie von Autonomie gedacht wird, spielt Gott zunächst theologisch keine Rolle mehr, wenn es um die Frage geht, was gesollt ist; moralische Selbstbestimmung geschieht dann um ihrer selbst willen, und das heißt auch: Die sich als autonom wollende menschliche Freiheit muss sich selbst entscheiden, mit welchen Gründen sie sich nach welchen Maßgaben normieren will. Ist die moralische Selbstbestimmung aber unbedingt, so ist auch der mögliche Gott nicht aus diesem Moralhorizont zu entlassen. Die Zivilisierung Gottes im biblischen Zeitalter erfolgte nach dieser Logik. Gott wurden seine jähzornigen Züge genommen, weil ein solcher Gott nicht Gott für den Menschen sein darf. Wenn er überhaupt existiert. Daran haben die biblischen Theologen allerdings in der Breite noch keinen Zweifel angemeldet. Retrospektiv ist deshalb dieser Prozess der Zivilisierung Gottes als Reinigung des Gottesbildes zu begreifen.

Aber wenn ich *diese* Welt unter den Vorzeichen des geglaubten Gottes betrachte, dann könnte ich auf die Idee kommen, dass es besser gewesen wäre, Gott hätte es unterlassen, diese Welt dergestalt zu erschaffen. Jedenfalls dann, wenn mich das eigene Lebensglück nicht blind macht für die Lebensschicksale anderer. Ein Gott, dem es möglich gewesen wäre, eine bessere als diese Welt zu schaffen, ist eine zynische, für den Mensch moralisch inakzeptable Möglichkeit. Gegen die Hypothese eines solchen Gottes steht Auschwitz, stehen die Konzentrationslager dieser Welt, die vergewaltigten Frauen, die missbrauchten Kinder, die in ihren sexuellen Empfindungen Diskriminierten – ich kann nicht einmal annähernd aufzählen, wem sonst noch Gewalt zugefügt worden ist und wird: Jede Aufzählung, die meint, sie hätte alles erfasst, würde dann doch viel vergessen, stillschweigend oder unsensibel diejenigen nicht nennen, die gelitten haben und die leiden. Und auch sehe ich nicht, wie Menke schreiben kann, dass das „vermeidbare Leid, das die Sünde anrichtet, ... ungleich schwerer" wiege „als das weithin unvermeidbare Unglück von Krankheit und Schicksal" (90). Sich in seiner endlichen Freiheit zu wollen, bedingt auch, die Dimension zu akzeptieren, die diese ermöglicht. Und das ist das, was sich biologisch beschreiben lässt. Aber was ist mit denen, die dies nicht vermögen? Es gibt beeindruckende Beispiele von Menschen, die ihr ‚Lebensschicksal' akzeptieren – und: die über die Erfahrung physischer Not, von Schmerzen geplagt, dennoch nicht in ihrem Gottvertrauen zerbrechen. Doch es lassen sich nun einmal auch unzählige andere Beispiele benennen. Menke drängt aber wohl kaum zufällig die Bedeutung des physischen Elends zurück. Er will das Kreuz als Sühnegeschehen ausdeuten, und dazu braucht er die Sünde: „Es geht", so Menke, „bei dem Drama zwischen Bethlehem und Golgotha nicht um die Glaubwürdigkeit eines angesichts der realen Schöpfung moralisch in Zweifel geratenen Schöpfers, sondern um die zerstörerische Macht der Sünde." (90) Der physische Tod habe von Anfang an zur Schöpfung gehört. Er sei „ursprünglich vom Schöpfer gewollt" gewesen „als Übergang vom irdischen Leben in die Gemeinschaft mit ihm." Aber der physische Tod sei „durch die Sünde pervertiert worden vom Tor in die Gemeinschaft mit Gott in das Tor der ‚Sheol', der Trennung von allem, was man im Deutschen mit dem Wort ‚Sinn', im Griechischen mit dem Wort ‚Logos' bezeichnet." (94) Ich muss gestehen, dass diese Formulierungen meines Erachtens doch zu sehr das Bild einer paradiesischen Gartenidylle aufrufen: Adam und Eva im Paradies, Milch und Honig fließen – der Wolf weidet neben dem Lamm. Aber wollten die biblischen Theologen wirklich ein solches Ursprungsbild aufrufen? Nein. Kain versteht nicht, warum Gott sein Opfer verweigert. Dass er Schuld auf sich lädt, als er seinen Bruder erschlägt, wird auch nicht verschwiegen. Aber dass das Leben von einer höheren Ambivalenz ist, als die Vorstellung einer ursprünglich guten Schöpfung vorgibt, dass es von Anfang an von Selbsterhaltungsnöten gezeichnet war, gehört zum biblischen Realismus. Und so ist auch nicht zu verstehen, warum den einen ein langes, Glück vermittelndes Leben geschenkt wird, die anderen in Depressionen versinken oder gar schon früh durch Tumore und das, was die Biologie sonst noch an Widerwärtigkeiten bereithält, zugrunde gehen. Besteht, bezogen auf diese Erfahrungen, keine Erlösungsbedürftigkeit des Menschen? Muss Gott, wenn er der Gott aller Menschen sein will, nicht auch hier erlösend tätig sein, indem er um Verständnis dafür wirbt, dass er diese Welt wollte, weil er Menschen wollte, auch wenn diese Welt von Verderben und Tod beherrscht sein würde?

Soteriologische Engführung durch Sündenfixierung

Ich verstehe nicht, warum Menke diese soteriologische Phantasie, die zutiefst erdverbunden ist, nicht aufbringt. Seine Soteriologie ist vollständig auf die Sünde konzentriert, so dass keine andere Ausdeutung des Kreuzes mehr möglich erscheint. Wenn das Kreuz auf das „Offenbarmachen" der unbedingten Liebe

Gottes reduziert würde, dann nehme man „dem Drama zwischen Bethlehem und Golgotha seinen Ereignischarakter". Geht es theologisch tatsächlich um diesen? Dann sei es „nur eine mögliche Gestalt der Offenbarung des göttlichen Vergebungswillens"; es sei dann „austauschbar". Es sei dann nicht mehr „das Ereignis, um dessentwillen Gott Mensch geworden" sei. (95) Den Ereignischarakter des Kreuzes bestreite ich nicht. Hier gewinnt die Unbedingtheit der Menschenzuwendung Gottes ihre radikalste Gestalt, und steht das Kreuz im Dienst der Erlösung. Aber diese Intensivierung der Menschenzuwendung Gottes bis in die Abgründe von Folter und Tod hinein bedeutet nicht, dass Erlösung auf das Kreuz verengt werden darf. Das *ganze* Leben Jesu bedeutet Erlösung. Und wenn Menke so ausdrücklich darauf besteht – und ich stimme ihm in diesem Punkt voll und ganz zu –, dass Gottes Handeln am Menschen nicht im Modus des Bewirkens gedacht werden dürfe, er sich an die Freiheit des Menschen bindet und lieber wartet, dass der Mensch einstimmt, als diese zu übergehen, dann hat dies auch Bedeutung bezogen auf die Frage, ob das Kreuz notwendig war. Gott ist nicht nur Mensch geworden, um am Kreuz zu enden; was am Kreuz und im Leben Jesu als göttliches Handeln geschieht, ist auch nicht aus sich selbst heraus als solches evident. Gott ist, so meine Interpretation, Mensch geworden, um als Mensch und in menschlicher Weise sich selbst zu erschließen. Diese Offenbarung ist Erlösung für den Menschen, weil sie der Treue Gottes in seiner Zuwendung den Ausdruck der größtmöglichen Entschiedenheit verleiht. Gott selbst beendet dann den marcionistischen Dauerverdacht, dass dem guten Erlösergott ein böser oder auch nur unvollkommener Schöpfergott gegenüber stehen könnte. Dass das Leben Jesu so gewaltsam endete, hing damit zusammen, dass er nur begrenzt Glauben fand, in Kollision geriet mit denen, die einen anderen Gott wollten beziehungsweise aus politischen Ordnungsgründen kurzen Prozess mit ihm machten. Es war deshalb die Konsequenz der Radikalität, mit der der Jude Jesus für den einzutreten gewillt war, den er *abba* nannte. Und der christliche Glaube sagt, dass dieser Mensch mehr war als ein Mensch: dass Gott selbst hier handelnd als Mensch gegenwärtig war. Rekurriert man nicht ausschließlich auf Paulus, sondern verstärkt auf die synoptischen Evangelien, so kommen diese Dimensionen der Menschenzuwendung Gottes verstärkt in den Blick. Nicht, dass der Jesus der synoptischen, aber auch der johanneischen Traditionen nicht streitbar wäre. Aber zunächst bringen diese Traditionen viel stärker zum Ausdruck, wie sich diese liebevolle Zuwendung Gottes als Mensch äußerte. Es ist nicht das menschliche Fehlverhalten, bei dem Jesus hier anknüpft, sondern die Person. Die Ambivalenz des Lebens wird zugelassen, ohne dass die Aufforderung zur Umkehr damit wegfiele.

Nachklang: Österliche Lust am Leben

Ostern ist eine Feier des Lebens, eines Lebens voller Abgründigkeiten – und voller Schönheiten zugleich. Deshalb hat das österli-
che Feiern auch immer entschieden mit der Welt zu tun, mit der
Liebe zu dieser Welt. Es geht nicht um Entweltlichung, sondern
darum, dass diese Welt für die, die zu glauben vermögen, das Geschenk Gottes schlechthin ist, trotz allem. Im Glauben hat Gott
mit seiner Menschwerdung dieser Welt ein endgültiges Zeichen
gegeben: So wie er bereits jetzt in seinem Geist werbend gegenwärtig ist, damit Menschen sich auf ihn einlassen und von ihm
aus ihr Leben gestalten können, so wird er auch am Ende der Zeiten werbend da sein. Damit die Täter ihre Taten erkennen und
umkehren können. Damit vor allem die Opfer der Geschichte ge-
tröstet werden. Damit die Bucky Cantors und die vielen Rieux
dieser Welt, die einfach nur tun, was ihnen möglich ist, die das
Leben lieben und sich immer wieder am Rand der Verzweiflung
bewegen, weil das Leben so gnadenlos seinen Gang nehmen kann,
doch noch Ja sagen können zu diesem Gott und zum Leben.

Wer österlich lebt, verzweifelt nicht. Vielleicht. Deshalb hatten
die Prediger in vergangenen Zeiten versucht, die Menschen während der Osterpredigt zum Lachen zu bringen. Schließlich hatte
sich der Tod an Christus verschluckt. Die Italienerin Maria Cate-
rina Jacobelli berichtet aus einem Gespräch mit Dominique Chenu, dem in den kirchenpolitischen Turbulenzen des letzten Jahrhunderts unbestechlich gebliebenen Dominikaner, folgenden
Satz: „Sprechen Sie niemals von der Freude, Madame, sprechen
Sie immer von der Lust, sonst wird man Sie spiritualistisch verstehen."[196]

---

[196] Zit. nach M. C. Jacobelli, Ostergelächter. Sexualität und Lust im Raum des

Recht hatte Chenu, und es gehört zu den Tragödien des Katholizismus des 20. Jahrhunderts, dass es nicht diese theologischen Stimmen waren, die sich durchsetzen konnten, sondern dass nach dem Konzil andere die Macht übernahmen. Aber das Christentum ist und bleibt eine Religion des Fleisches, der realen Geschichte. Und deshalb ist Ostern auch als Fest der Auferweckung Jesu Christi und der Hoffnung auf Auferstehung der Toten das Fest der Lust Gottes an der Welt, des treuen Gottes. Es ist das Fest des Gottes, der sich als der erwiesen hat, der alles, was in seiner Macht liegt, unternehmen wird, um die Tränen abzuwischen und Gerechtigkeit zu ermöglichen. Aber nicht über die Freiheit des Menschen hinweg. Und auch für die österlich Glaubenden werden die Alltagserfahrungen natürlich noch keine anderen. Auch sie stehen vor der abgründigen Erfahrung des Schweigens Gottes.

Wenn man Gott bereits jetzt so glaubt, mystifiziert man das Leiden nicht und gibt ihm keinen Sinn. Jeder Schrei ist einer zu viel. Diese Erfahrung ist eine, die Gläubige und die, die nicht mehr zu glauben vermögen, ökumenisch eint. Auch der Schrei Jesu ist und bleibt dann einer zu viel. Und dennoch ist er, über den Abgrund dieser Sinnlosigkeit hinweg, für die Gläubigen Grund der Hoffnung – weil sich in ihm die ganze Verrücktheit Gottes, seine Treue zur Welt, aus dem Leib eines wahrhaften Menschen schreit. Nachdem er in allem uns gleich gelebt hatte. Lustvoll.

Heiligen, Regensburg 1992, 9. Ich empfehle dieses Buch zur Lektüre. Es ist erfrischend ‚frei‘, erzählt eine Geschichte des Christlichen, die eine der Lust am Leben ist.